▶ 动画视频 ✚ 全彩图解

安全驾驶与交通事故预防

王淑君　编著

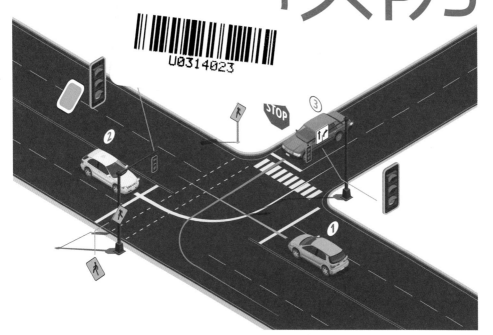

化学工业出版社

·北京·

内容简介

本书在调查大量道路交通事故资料的基础上，分析了交通事故产生的原因，与安全无事故驾驶员的驾驶经验进行了对照和比较，并结合新一代智能化辅助驾驶技术，总结出了避免发生道路交通事故、行之有效的安全驾驶方法和技巧，以及主动防御必备的物理学知识。

全书以图文并茂的形式进行介绍，配套3D MP4动画演示视频讲解和电子教学课件PPT，直观易懂。

本书可作为相关院校及汽车驾驶学校组织日常教学或培训的教材，以及正在进行科目一考试的驾校学员自学使用，也适合新老驾驶员提高驾驶技能参考，对汽车驾驶和交通安全感兴趣的读者也可参阅。

图书在版编目（CIP）数据

动画视频+全彩图解安全驾驶与交通事故预防/王淑君编著．—北京：化学工业出版社，2024.2
　　ISBN 978-7-122-44461-5

　　Ⅰ.①动… Ⅱ.①王… Ⅲ.①汽车驾驶-安全技术-图解②交通事故-事故预防-图解　Ⅳ.①U471.15-64②U491.3-64

中国国家版本馆CIP数据核字（2023）第220743号

责任编辑：黄　滢　　　　　　　　　　装帧设计：王晓宇
责任校对：宋　夏

出版发行：化学工业出版社（北京市东城区青年湖南街13号　邮政编码100011）
印　　装：北京瑞禾彩色印刷有限公司
710mm×1000mm　1/16　印张12½　字数173千字
2024年5月北京第1版第1次印刷

购书咨询：010-64518888　　　　　　售后服务：010-64518899
网　　址：http://www.cip.com.cn
凡购买本书，如有缺损质量问题，本社销售中心负责调换。

定　　价：69.80元　　　　　　　　　　　　版权所有　违者必究

前 言

  随着国内私家车的日益普及，汽车驾驶员的数量也与日俱增，但是随之而来引发的交通事故也越来越多，交通安全问题已经成为人们普遍关心的社会问题。究其原因，主要是由于驾驶员对道路交通安全问题重视不够，不遵守交通安全法律法规，不按交通规则行驶造成的。尤其是一些驾驶新手们，由于技术不够熟练、缺少日常行车经验，遇到危险时来不及躲避，最终酿成交通事故。

  为帮助广大汽车驾驶员熟悉和掌握道路交通安全知识，学会按照科学规律驾驶车辆和预判突发事件，避免和减少交通事故，在化学工业出版社的组织下，特编写了本书。

  本书以彩色图解的形式，对汽车安全驾驶中的主动预防以防止交通事故必备的物理知识进行了系统介绍，内容涵盖安全驾驶基本常识、主观因素对安全行车的影响、规避交通事故的安全知识、遇险时的应急措施和事故后的现场处置、事故预判和应对知识等。相信掌握了这些知识，不管是冰雪路面、雨天路面、沙石泥泞路面，还是各种复杂恶劣天气情况下的坡道、地下停车场出入通道、山路、盘山路、松软的乡村公路、坑洼的路面、上下修理厂的举升机等，驾驶员都能预判出违背这些规律可能造成的恶果，从而采取相应对策，达到主动避免交通事故发生的目的。

  本书图片精美丰富，直观易懂；涉及具体驾驶操作的内容配套3D MP4动画演示视频讲解，扫描书内相关章节的二维码即可观看。将图文内容和动画视频对照学习，便于快速理解和掌握。

  本书配备电子教学课件PPT，可作为相关院校及汽车驾驶学校组织日常教学或培训的教材，以及正在进行科目一考试的驾校学员自学使用，也适合新老驾驶员提高驾驶技能参考，对汽车驾驶和交通安全感兴趣的读者也可参阅。

  由于水平所限，书中难免有疏漏和不妥之处，敬请广大读者批评指正。

编著者

目录

第1章（扫码看动画视频）

安全驾驶基本常识 **001**

1.1 驾驶中的物理学知识 ………………………………………… 002

1.2 必须避免的驾驶陋习和易引发交通事故的危险行为 ……… 006

第2章

主观因素对安全行车的影响 **014**

2.1 观察对安全行车的影响 ……………………………………… 015

2.2 注意力对安全行车的影响 …………………………………… 017

2.3 个性特征对安全行车的影响 ………………………………… 019

第3章

规避交通事故的安全知识 **025**

3.1 安全驾驶必须具备的基本能力 ……………………………… 026

3.2 出车前的安全准备工作 ……………………………………… 026

3.3 边开车边问路很危险 ………………………………………… 034

3.4 迷路以后的安全驾驶方法 …………………………………… 034

3.5 躲避危险前必须看清周围的环境 …………………………… 036

3.6 安全是交通参与者共同创造的 ……………………………… 037

3.7 吸烟、药物与安全驾驶 ……………………………………… 037

3.8 "眼镜族"安全驾驶注意事项 ……………………………… 038

3.9 关于空挡滑行 ………………………………………………… 038

3.10 停车入位要尽量"完美" …………………………………… 039

3.11 疲劳驾驶的危害与防范 ……………………………………… 039

3.12 酒驾的危害与防范 ··· 040

3.13 注意行车中的不安全因素 ··· 041

第4章（扫码看动画视频）

人、车、路与交通安全   043

4.1 避免人为因素产生交通事故 ·· 044

4.2 避免车辆因素产生交通事故 ·· 061

4.3 不同道路条件预防交通事故的方法 ····························· 067

第5章（扫码看动画视频）

避免常规驾驶时发生交通事故的方法   098

5.1 自动驻车功能的使用技巧 ··· 099

5.2 陡坡缓降系统的使用技巧 ··· 099

5.3 自动巡航功能使用注意事项 ·· 100

5.4 避免将油门当刹车的"绝招" ·· 100

5.5 起步、倒车、掉头事故与预防 ····································· 101

5.6 跟车事故与预防 ·· 114

5.7 会车事故与预防 ·· 119

5.8 超车事故与预防 ·· 122

5.9 变道（并线）事故与预防 ··· 127

5.10 出入停车位时的事故预防 ·· 129

5.11 上短陡坡事故与预防 ·· 130

5.12 下长缓坡事故与预防 ·· 130

第6章（扫码看动画视频）

恶劣气候条件与道路交通安全   131

6.1 雨天 ·· 132

6.2 雾天 ·· 134

6.3 挡风玻璃结冰与冰雪路 ··· 135

6.4 大风天 ·· 142

6.5 泥泞道路 ·· 142

6.6 沙石、戈壁路 ··· 145

第7章

遇险时的应急措施和事故后的现场处置　147

7.1　不可预见的险情 ………………………………………… 148
7.2　遇险时的应急措施 ……………………………………… 149
7.3　事故后的现场处置 ……………………………………… 150

第8章（扫码看动画视频）

城乡道路交通事故与预防　152

8.1　城市道路 …………………………………………………… 153
8.2　乡村道路 …………………………………………………… 156

第9章（扫码看动画视频）

城市快速路和高速公路事故与预防　162

9.1　匝道 ………………………………………………………… 163
9.2　行车道 ……………………………………………………… 180
9.3　收费站 ……………………………………………………… 183
9.4　超车或错过路口时 ………………………………………… 184

第10章

有关预判与应对的基本知识　185

10.1　预判失控车辆及应采取的措施 ………………………… 186
10.2　预判与应对对向车辆的异常驾驶行为 ………………… 186
10.3　预判与应对自然灾害 …………………………………… 186
10.4　发生交通事故后应采取的措施 ………………………… 188

第11章

交通肇事罪　191

11.1　交通肇事罪的概念和特征 ……………………………… 192
11.2　交通肇事罪的类型与犯罪者的心理 …………………… 192
11.3　交通肇事犯罪的社会因素 ……………………………… 193
11.4　交通肇事犯罪的预防 …………………………………… 193
11.5　交通警察是交通法规的执行者 ………………………… 193

第1章
安全驾驶基本常识

扫一扫
看动画视频

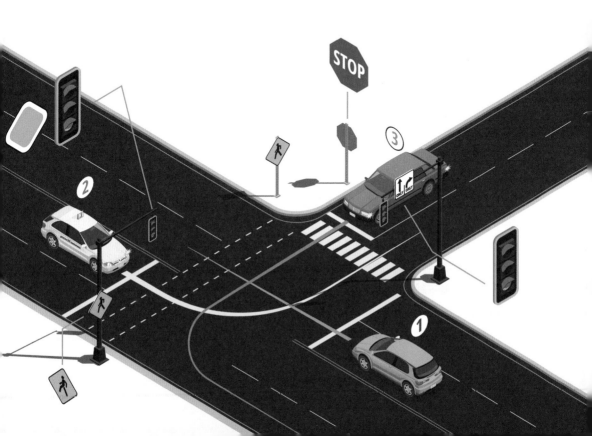

1.1 | 驾驶中的物理学知识

汽车驾驶过程中会涉及很多物理学知识，掌握这些知识有利于驾驶员提高驾驶技术，保证行车安全，避免交通事故发生。

1.1.1 惯性

当作用在汽车上的外力为零时（比如牵引力和摩擦力相等的时候，就是外力为零的情况）静止的汽车继续保持静止，匀速直线运动的汽车继续保持匀速直线运动，这就是惯性。如果汽车受到的阻力比较小，比如溜滑的冰面、压成硬板的雪路，汽车受到的摩擦力比较小，刹车距离就会变得很长。再比如，雨天路面上有薄积水的时候，高速旋转的轮胎和路面之间会形成一层水膜，阻力大大减小，所以刹车距离也会变长。

1.1.2 摩擦系数与摩擦力

柏油路面、水泥路面、结冰路面、积雪路面、被车辆压硬的雪路、积水路面、戈壁沙石路面、泥泞路面等，它们的光滑程度是不一样的。可以用摩擦系数代表路面的光滑程度，柏油路面最不光滑，摩擦系数最大；结冰路面最光滑，摩擦系数最小。因此，同一辆车，同样的行驶速度，在摩擦系数越小的路面上，获得的摩擦力就越小，刹车距离就越长。

1.1.3 向心力、力矩、压强

（1）向心力

用不结实的细绳子拴着一个小物体，用手甩着转圈，速度越快或者绳子越短（即转弯半径越小）手越费劲（这个劲就是向心力，它是维持小物体旋转的力），快到一定程度，细线就会崩断，小物体就会飞出去。如图 1-1 所示。

开车在路上转弯与此是一样的道理，只是这时候，转弯的力量不是由绳子提供的，而是由地面的摩擦力提供的。如果速度过快或者是弯过急，地面的摩擦力不能维持转弯，汽车就会像小物体拉断细绳一样冲出路面。冲出路面的过程中，如果车轮突然遇到小坡或小坑，就会像人奔跑中突然被绊着一样，以车轮为支点形成力矩产生旋转运动而发生翻滚，只不过人是以脚部为支点形成力矩产生旋转运动发生翻滚而已。如图 1-2 所示。

图 1-1　驾驶中的向心力（一）

图 1-2　驾驶中的向心力（二）

在结冰路面、压硬的积雪路面、有薄积水的雨天路面等情况下，路面的摩擦系数变小，摩擦力随之变小。

同样的弯道，同样的行驶速度，路面就不能像干燥路面那样提供足够的转弯摩擦力，如果不减速行驶或者在弯道行驶中突然急刹车，就有可能冲出路面，严重时还可能发生翻滚现象。

（2）力矩

越野车和城市 SUV 为什么比普通小轿车容易翻车？

因为这些车的重心高，所以力臂长，同样的力产生的让车旋转的力矩更大。这就和杆秤一样，同样的秤砣，秤杆越长，越容易让秤杆旋转，所以重心高的越野车和城市 SUV 更容易翻车。如图 1-3 所示。

图 1-3　驾驶中的力矩（一）

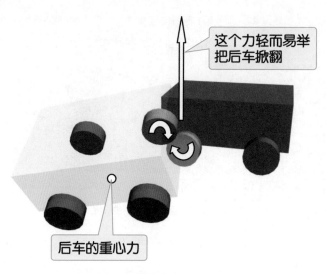

这个力轻而易举把后车掀翻

后车的重心力

图 1-4　驾驶中的力矩（二）

现实中有很多奇怪的例子，如前、后车车速都很慢，仅仅是后车车轮轻微碰了一下前车车轮，后车就翻了。这种情况是很危险的，即使很慢的速度，后车也很容易发生翻滚。

原因是：前车车轮的后半部分是向上转动的，后车车轮的前半部分是向下转动的，于是后车车轮"爬上"前车车轮，形成向上的力，这个力和后车其他三个轮子中任何一个轮子之间的力臂都比后车重心到其他三个轮子中任何一个轮子之间的力臂长很多，所以后车轻而易举就被前车掀翻了。如图 1-4 所示。

（3）压强

当车辆通过不是很松软的沙路或泥路的时候，车轮陷进去不深，却打滑了，此时不要拼命踩油门踏板，若给四个轮胎适当放点气，往往能够顺利将车辆开出。这是因为，轮胎气足的时候，与路面的接触面积小，轮胎每平方厘米对路面施加的压力（即压强）比较大，适当放点气，轮胎和路面的接触面积增大，压强减小，当小于路面能够承受的压强时，就能顺利将车辆开出。如图 1-5 所示。但是切记这种方法对烂泥路和松软的沙漠路是无效的！

适当放气后，压强减小

图 1-5　驾驶中的压强

1.1.4 光的直线传播原理

光在空气中是沿直线传播的，所以汽车发动机舱盖和驾驶室的金属框都会遮挡光线，这就会使车体自身产生各种盲区。具体来说有车辆前后左右的盲区，以及由玻璃框产生的盲区。

车外物体对光线的遮挡也会产生各种各样的盲区，比如房屋、树木以及其他车辆的遮挡都会产生盲区。

1.1.5 视角原理与视觉错觉

视角原理：物体越远，看起来越小。如图1-6所示。

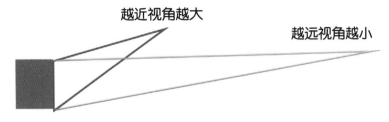

越近视角越大

越远视角越小

图 1-6 视角原理

驾驶员由于视角不同，就会在驾驶过程中产生视觉错觉。如图1-7所示。

路面比车头远，会产生车头比路面宽的错觉

图 1-7 驾驶中的视觉错觉（一）

远处的胡同，往往看不出来其真实面貌，稍走近一点看起来是一条竖缝，而到了跟前才能看出是个胡同；远处茂密树林间的十字路口，往往看起来似乎是个窄路口，而到了跟前才能看出是个十字路口；如图1-8所示，远处的断路，驾驶中看到的是一条线等，都是这个道理。面对这些情况，一定要提前减速，仔细观察，确认安全后再通过。

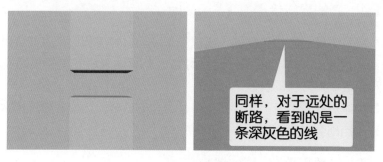

图 1-8　驾驶中的视觉错觉（二）

1.2 │ 必须避免的驾驶陋习和易引发交通事故的危险行为

1.2.1　驾车时接打电话

驾车接打电话时驾驶员的注意力会被分散很多，导致对车及周围环境的注意力减少，紧急情况下难以做出正确的反应，甚至把油门踏板当作刹车踏板踩下，很容易引发交通事故，如图1-9所示。

图 1-9　必须避免的驾驶陋习（一）

为了安全，建议使用蓝牙，推荐使用车载蓝牙，最好不用蓝牙耳机。使用车载蓝牙时，先将手机和车载蓝牙配对，配对时需要输入密码，密码一般都有提示。

为了确保安全，在驾车中应尽量使用语音控制功能接打电话和操作导航，避免用手操作造成安全隐患。

1.2.2　行车道上随意停车和倒车

行车道上随意停车和倒车，很容易造成其他车辆来不及采取措施而发生追尾事故，发生事故基本就是全责。

1.2.3　变换车道时猛打方向

变换车道时猛打方向，很容易造成其他车辆来不及采取措施而发生碰撞事故，发生事故基本就是全责。

1.2.4　变换车道时不开转向灯

开转向灯是为了提示后车，不开转向灯就转向，很容易造成后车误判，从而引发事故，发生事故基本就是全责。

1.2.5　连续变换车道

连续变换车道会导致后方车辆驾驶员手忙脚乱，非常容易引发事故，发生事故基本就是全责。

1.2.6　随意急刹车

不是紧急情况，不要随意急刹车，如果后车驾驶员跟车距离过近或者是注意力不集中，很容易造成追尾事故，发生事故基本就是后车全责。正确的做法是：慢慢踩制动踏板，刹车灯亮后，一般情况下后车驾驶员都会跟着刹车减速。

1.2.7　强行变道、超车、会车

强行变道、超车、会车，会造成周围车辆驾驶员措手不及，如果遇到"路怒症"者很可能引发斗气。如果错过了路口或者走错了车道，车辆又比较拥挤，此时应按照错误的道路走下去，选择其他路线去目的地。若强行变道、超车、会车时发生事故，会更耽误时间，还有可能会被扣分和罚款，得不偿失。

1.2.8　开斗气车

俗称的"开斗气车",专业词汇叫"攻击性驾驶"。斗气的本质其实是争强好胜心理在作怪。开车的目的是代步,节省路途时间,从而间接提高通行效率。开车不是竞技,更不是发泄情绪。所以任何时候都要以安全驾驶为目的,不出事故的通行,才是最高效的通行。如果因为开斗气车导致事故,不仅会耽误大量的时间,还可能导致人身伤害,甚至有可能受到治安处罚,后果严重的还可能受法律制裁。

引起斗气的因素大致有以下四方面,平时要注意自我教育,努力克服这些不良因素。

❶ 完全没有必要赶时间,给自己规定在多长时间内到达目的地。

❷ 争强好胜。喜欢在马路上和其他驾驶员争高低,超过对方就高兴,被对方超过就气愤;旁边的汽车驾驶员开转向灯想变换车道,反而加速跟上去,不让其超车。

❸ 看到其他驾驶员错误或不守规矩的动作,尽管一点都没妨碍自己,但感到十分厌恶,并冲上去以斗气的方式惩罚对方。

❹ 觉得别人侮辱了自己,从而产生报复心态,并很难克制这种心态。

1.2.9　停车时将头伸出窗外观察

停车时将头伸出窗外观察,很容易引发交通事故,如图1-10所示。

停车时将头伸出窗外观察,有可能被墙、树木、电线杆等夹住,必须改掉这种坏习惯

图1-10　必须避免的驾驶陋习(二)

1.2.10 指挥者站在容易被冲撞、挤压的位置指挥车辆

指挥者站在容易被冲撞、挤压的位置指挥车辆，很容易引发交通事故，如图 1-11 所示。

指挥者不要站在容易被冲撞、挤压的位置指挥车辆

图 1-11 必须避免的驾驶陋习（三）

1.2.11 开车时把手伸到车窗外

把手伸到车窗外开车是个很不好的习惯，在拥挤的道路上容易被其他车辆刮伤手臂，要坚决改掉。乘客也不要把手伸到窗外，以免被树枝、电线杆、其他车辆等刮伤。

1.2.12 "开门杀"

下车前应先把车门开个缝，观察后方情况，确认安全后，再完全打开车门。否则很容易引发交通事故，甚至造成严重后果，如图 1-12 ～图 1-14 所示。

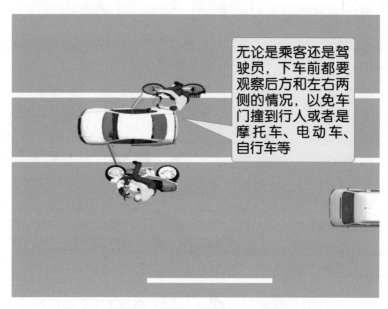

图 1-12　必须避免的驾驶陋习（四）

图 1-13　必须避免的驾驶陋习（五）

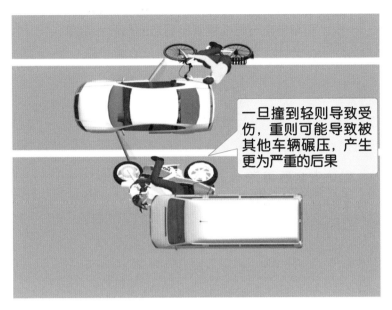

图 1-14　必须避免的驾驶陋习（六）

防止"开门杀"的具体方法如图1-15和图1-16所示。

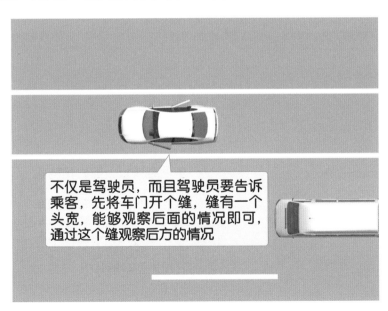

图 1-15　防止"开门杀"的方法（一）

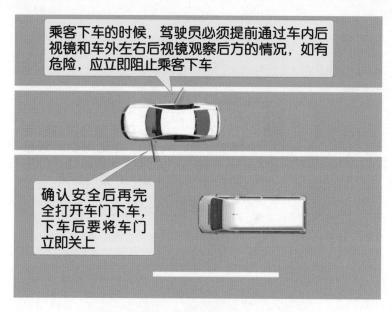

图 1-16 防止"开门杀"的方法（二）

1.2.13 转弯时和大型车辆并行

转弯时仍然和大型车辆并行，容易引发事故。如图 1-17 和图 1-18 所示。

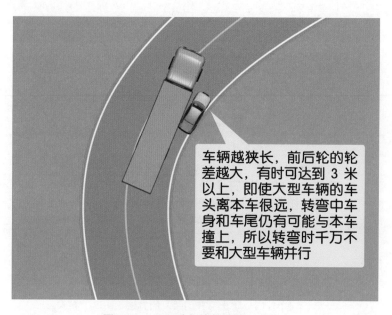

图 1-17 必须避免的驾驶陋习（七）

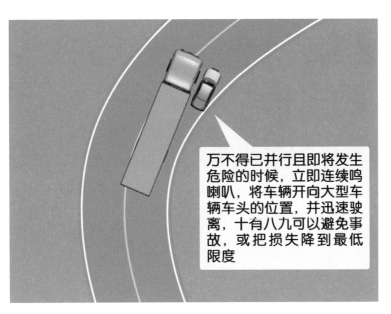

图 1-18 必须避免的驾驶陋习（八）

第2章
主观因素对安全
行车的影响

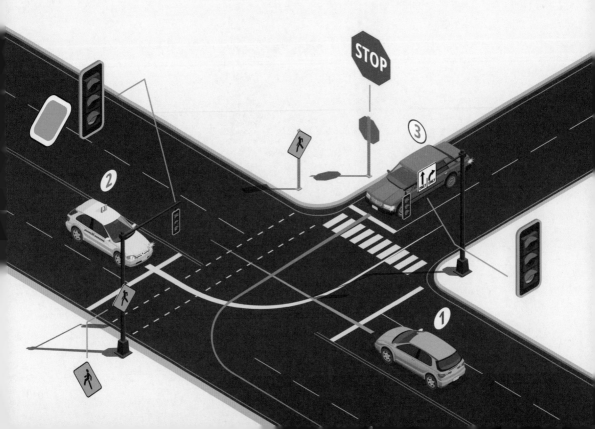

2.1 | 观察对安全行车的影响

2.1.1　观察车流状况

观察车流状况对安全行车的影响如图2-1所示。

图 2-1　观察对安全行车的影响（一）

2.1.2　观察路况

观察路况对安全行车的影响如图2-2所示。

图 2-2　观察对安全行车的影响（二）

2.1.3 观察路人

观察路人对安全行车的影响如图2-3所示。

遇较多路人时更要慢行，仔细观察，要弄清他们的走向，防备有人突然转向，无法确定路人走向时必须停车等待，盲目前行很容易导致危险

图2-3 观察对安全行车的影响（三）

2.1.4 观察非机动车

观察非机动车对安全行车的影响如图2-4所示。

非机动车也许会突然改变方向，要仔细观察其动向，盲目从右车道超越是十分危险的，可适当按喇叭，确认其状态后再决定怎样做

图2-4 观察对安全行车的影响（四）

2.2 | 注意力对安全行车的影响

2.2.1　集中注意力

集中注意力对安全行车的影响如图2-5所示。

开车时要时刻观察的东西很多，如路面交通流的情况，路边的、路口的、空中的、地面的限速、禁鸣、禁停、禁止掉头、禁止驶入等交通标志、标线

如果再做些额外的事情，必然造成注意力不够用的情况，往往是危险就在眼前，自己还不知道

图2-5　注意力对安全行车的影响（一）

开车时接打电话会分散驾车人的注意力，而发信息、操作导航设备、看车载电视的危害更大。有研究人员发现，边开车边用手机发信息造成的事故发生率比专心开车时高5倍。

注意力不集中还容易错过路口，突然刹车也容易造成事故。

开车时照镜子、梳妆打扮、闲聊、打闹、逗座位上的小孩，都是非常危险的事情。即使不危及生命，处理交通事故也是比较麻烦的事情。

2.2.2　注意力范围

注意力范围对安全行车的影响如图2-6所示。

注意力范围要有限地宽阔，要集中在行驶路线的附近，不要盲目到处乱看。只顾看前车，不用余光或略转头留意两侧，都会导致观察范围太窄。盯住路边的美景也是很可怕的事情

图 2-6　注意力对安全行车的影响（二）

2.2.3　注意力分配

注意力分配对安全行车的影响如图 2-7 和图 2-8 所示。

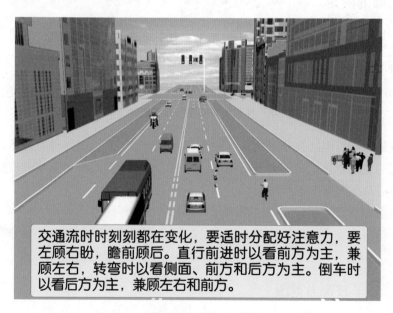

交通流时时刻刻都在变化，要适时分配好注意力，要左顾右盼，瞻前顾后。直行前进时以看前方为主，兼顾左右，转弯时以看侧面、前方和后方为主。倒车时以看后方为主，兼顾左右和前方。

图 2-7　注意力对安全行车的影响（三）

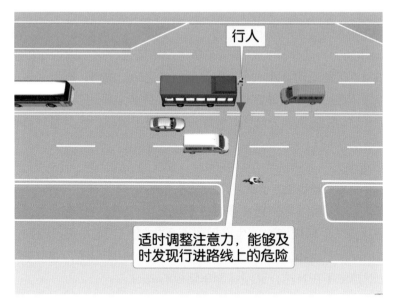

图 2-8　注意力对安全行车的影响（四）

2.3 │ 个性特征对安全行车的影响

2.3.1　思维、能力

（1）人的思维概述

思想观念支配着人的行为。

侥幸逃脱的违法行为、侥幸穿行等可能会形成错误的思想观念，胆子会变大，最终有一天可能导致重大事故发生。

有些人驾驶一段时间后，发现车辆一直运行得很好，错误地认为车辆不需要经常检查，它是不会坏的，于是便逐渐忽视对车辆的检查，或者是彻底不检查了，最后因机油、制动液、冷却液等不足而导致事故、车辆损坏的情况经常发生。

淡漠的法律意识是随心所欲驾驶的根源。

在争强好胜、攀比思想观念的驱使下，开斗气车、英雄车，最后引发重大事故的事例也不少。

（2）人的能力概述

这里讲的是和驾驶相关的能力。

❶ 动作能力。动作能力是操纵车辆的基本能力，这项能力可以通过体育运动来加强。球类运动、武术、体操、器械类运动、跳绳、踢毽子等都是有效的训练方法，在街道（不能在机动车道上跑）跑步以及进行健身运动也可以。它们能使人的动作协调能力增强，判断准确，身手敏捷，尤其是球类和武术中的器械类运动。

❷ 思维能力。思维能力包括理解力、分析力、综合力、比较力、概括力、抽象力、推理力、论证力、判断力等。

对驾驶中遇到的各种问题要多想，多对比，不断总结，遇到车辆故障，要看说明书，要多上网查资料，也许根本不是故障，不能天天只顾开，想得多了，自然也就会了。比如，有个人的自动挡汽车，不能启动，非说车坏了，其实是启动时挡位不在N挡，又没踩刹车踏板造成的。

❸ 适应能力。适应能力包括社会适应能力和对交通环境的适应能力两方面。

社会适应能力是指人为了在社会中更好生存而进行的心理上、生理上以及行为上的各种适应性的改变，与社会达到和谐状态的一种执行适应能力。社会适应能力越强就越能更好地控制自己，在驾驶中就更能自觉做到礼让三先（先让、先慢、先停）。良好的体质、充沛的精力、乐观向上的精神面貌是驾驶员适应复杂交通环境的基础。

❹ 自我学习能力。查阅学习资料，总结驾驶经验，是迅速提高驾驶技术和了解车辆结构知识的重要方法之一，平时多注意自学是很重要的。现代社会节奏快，大家都很忙，靠他人身传口授的机会比较少，所以自学变得很重要，随时随地都可以进行。

❺ 记忆能力。良好的记忆力能使驾驶员记住经常走的路线上有哪些障碍、特殊建筑，可能出现哪些险情等，它使驾驶员能够有针对性、从容不迫地进行驾驶。

平时多注意记忆道路上有特点的地方，可以迅速增强对道路的记忆，什么都记，没有重点主次，往往效果很差。

❻ 观察能力。观察能力尤其是动态观察能力对安全驾驶有着举足轻重的影响。培养动态观察能力的方法很多，可以通过乘坐他人车辆进行培养，也可通过适当玩射击类游戏进行培养，还可以通过体育运动进行培养。

❼ 判断能力。判断能力强，能够帮助驾驶员从容驾驶，遇见潜在的危险，防患于未然。除了通过驾驶进行培养外，坚持不懈地进行体育运动是增强判断能力的好方法。

对交通事故的调查表明，综合能力越强的人发生交通事故的概率越低。所以努力培养与驾驶相关的各种能力是减少交通事故发生的重要手段。

2.3.2　情绪、意志

（1）人的情绪概述

人的情绪是人思想感情的流露，是大脑皮质兴奋、抑制过程所处的一种状态，是人心理活动的重要表现。它表现为人的内心需要是否得到满足，当人的内心需要得到满足时，便产生积极的情绪，如高兴、愉快、轻松、欣慰；反之，则产生消极情绪，如悲伤、恐惧、紧张、苦恼。人的情绪包括喜、怒、忧、思、悲、恐、惊七种。行为在身体动作上表现得越强，就说明其情绪越强，如喜时手舞足蹈、怒时咬牙切齿、忧时茶饭不思、悲时痛心疾首等就是情绪在身体动作上的反应。

（2）驾驶员的情绪对安全行车的影响

积极情绪可以提高人体的机能，提高工作和学习的效率。而消极情绪则会使人感到难受，会抑制人的行动能力，还会降低人的自控能力，遇事易冲动。在消极情绪状态下，会使人的判断和分析能力下降，容易失去理智和自制力。

对于驾驶员来说，情绪的好坏直接影响到行车安全。消极情绪会给安全行车带来很大的负面影响，而积极情绪中的"过度兴奋"（乐极生悲）也会给行车安全带来不良影响。消极情绪和积极情绪中的"过度兴奋"都属于不良情绪。

研究表明，当人处于气愤状态时驾车，会导致驾驶操作动作过大、过猛，对外界的感知能力减弱，当发现情况时已经来不及采取措施处理，事故则很难避免。过度兴奋的情绪同样使得驾驶员注意力分散，不能及时发现并妥善处理行车中的不利情况，从而容易导致事故发生。

某驾驶员与妻子吵了架，情绪波动很大，伤心、气愤、烦躁，结果在驾车途中引发交通事故，驾驶员和车上其中两人当场死亡，车上另外两人受重伤。如果驾驶员当时能很快调整自己的情绪，事故就可以避免。

这样的例子实在太多。

近几年来，"路怒症"也逐渐被越来越多的人所意识到。何谓"路怒"？

即指"开车族"因驾车时遇上道路拥堵、天气不好或出行不顺而感到情绪压抑、心情烦躁。专家提醒，如果经常出现上述情况，就可能是患了"路怒症"。在"路怒症"的影响下，驾驶员可能会出现不遵守交通规则、敌视其他车辆的驾驶行为。在压抑、烦躁的情绪控制下，还可能出现感觉和知觉被封闭的情况。比如只看前不看后，听不见其他车辆鸣笛，将刹车踏板错踩成油门踏板等，从而造成交通事故。

消除不良情绪的方法是转移注意力，把自己从引起不良情绪的事情转移到其他事情上，如玩一场游戏，或打一场球，或听一段音乐，或回忆自己高兴、幸福的事，使自己从不良情绪中解脱出来。另外，还可以采用合理发泄情绪的方法，如进行剧烈运动，或跑步，或急走。当一个人情绪低落时，往往不爱动，越不动注意力就越不容易转移，情绪就越低落，容易形成恶性循环，而运动则可使不良情绪得到释放。

总之，气愤、工作中的不快、家庭不和等因素都会导致产生不良情绪，如果带到驾驶中可能会导致交通事故。这时候应当用坚强的意志控制自己，忘掉它们，集中精力驾驶，就当什么都没有发生过一样，实在无法控制的时候可以搭乘他人的车辆，或者步行。

若实在无法排除不良情绪，不管别人的面子有多大都不要去开车，直接告诉别人你的现状，事故和面子相比，事故一旦发生便不能挽回，面子可以挽回。找其他朋友帮忙代驾也可以，如果是亲朋好友，给他们付租金租车也是很好的选择。

（3）人的意志对安全行车的影响

意志能力强的人遇到挫折、不愉快的事情、开斗气车的驾驶员等情况能更加从容地应对。意志力并非是生来就有或者不可能改变的特性，它是一种能够培养和发展的技能。培养意志力需要有一个较长的过程。

下面几条有助于增强意志力，不妨一试。

❶ 积极主动：主动的意志力能让你克服惰性，把注意力集中于未来。在遇到不顺的事情时，想象自己在克服它之后的快乐；积极投身于实现自己目标的具体实践中，你就很可能坚持到底。

❷ 下定决心做下面的事情：抵制——不愿意转变；考虑——权衡转变的得失；行动——培养意志力来实现转变；坚持——用意志力来保持转变。

❸ 改变自我：努力改变自己的形象，努力实现把握自己的生活、适应社会和交通环境的愿望。

❹ 实事求是：对自己的现状和变化要客观地进行评价。

❺ 逐步培养：坚强的意志不是一夜间突然产生的，它在逐渐积累的过程中一步步地形成。其间还会不可避免地遇到挫折和失败，还可能有反复，必须找出使自己意志增强失败的原因，才能有针对性地进行解决。

❻ 乘胜前进：实践证明，每一次成功都将会使意志力进一步增强。如果你用顽强的意志力克服了一种不良习惯，那么就能获取与另一次挑战进行决斗并且获胜的自信心。每一次成功都能使自信心增加一分。

坚持一段时间你会发现，"路怒症"没有了，自卑也没有了，这时候你的驾驶技术也在不知不觉中提高了。

2.3.3　性格

性格不是绝对的、永远不变的，人的性格主要是在后天环境下形成的。任何人的性格都可以在周围环境的影响下不断改变。大家应在驾驶实践中不断努力克服自己的性格弱点，最后逐渐成为一名心理素质过硬的驾驶员。

外向型性格的人，情绪产生快而多变，行动活泼敏捷，注意力和兴趣容易转移，善于交际，但容易轻率盲动，缺乏耐力和毅力。外向型性格驾驶员的特点是操作动作敏捷，反应较快，处理情况准确，行车能礼让。但有时情绪不太稳定，车速会随情绪变化而变化。高兴时喜欢开快车，所以行车中的小事故时有发生。外向型性格驾驶员驾驶时应锻炼自己的意志和品质，克服轻浮好胜心理。行车前，多冷静片刻，检查车辆情况，情绪稳定后再进入驾驶室。行车时集中注意力，尽量做到排除干扰情绪的各种因素，平稳谨慎驾驶车辆。

内向型性格的人，情绪产生慢而弱，安静沉稳，言语动作和思维都相对迟缓。注意力稳定，庄重坚韧，但往往过于执拗和冷漠。内向型性格驾驶员，驾车中不急躁，操作动作稳定自如，不喜欢开快车，车速节奏感强，驾驶时不容易受外界干扰，能严格遵守交通规则。但这种驾驶员驾车速度较慢，集体行车时，往往易掉队，遇到情况时处理欠果断，特别是遇到危险情况时会错失良机而酿成事故。内向型性格驾驶员要注意培养自己的自信心，克服优柔寡断的弱点，积极参加各种活动，加强锻炼自己果断处理事情的能力。驾驶车辆时，要防止对判断缺乏自信心而不停地修改驾驶动作，遇到犹豫时提醒自己立即做出下列两种选择：立即停车；有选择余地时尽快选择道路状况好的路面行驶，在复杂路面上行驶要保持旺盛的精力。

混合型性格的人，情绪产生慢而强，体会深刻，胆小谨慎，沉默寡言，但易于观察到别人不加注意的细小事物。混合型性格的驾驶员，操作动作比较正规，能严格按操作规程和交通规则驾驶车辆，车速往往比较平稳，行车中有主动礼让精神，但有时对一些情况观察不够全面，思维面较为狭窄，以致遇到情况时会出现顾此失彼的现象。行车中虽然情绪稳定，但一旦产生固执情绪，往往会强行超车、会车，因此不适宜驾驶救护车、消防车这类专用车辆。混合型性格驾驶员，要加强学习，开阔视野，活跃思维，行车前多想点愉快的事，以开朗的心情进入驾驶室。驾驶车辆时要注意抬头远望，勇敢和果断一些。行车中遇到为难的问题时，可以先停车休息一会儿，待情绪平定后再驾驶车辆。

第3章
规避交通事故的
安全知识

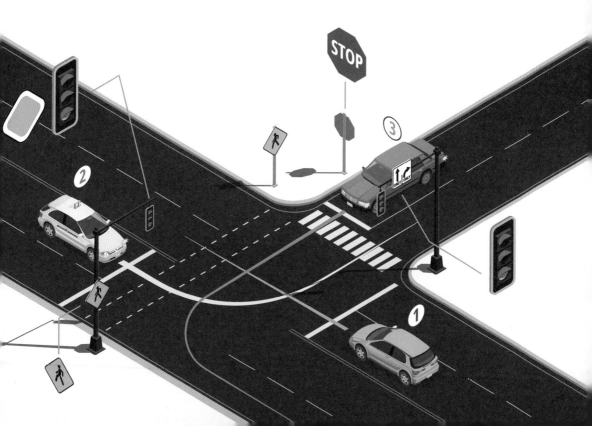

3.1　安全驾驶必须具备的基本能力

安全驾驶必须具备的基本能力如下。

（1）准确的速度感和空间判断能力

可以通过在车少人稀的路段以不同的速度行驶来建立速度感。通过在不同速度下刹车，来体会自己车辆刹车距离的长短是多少。在车位的四角摆简易桩杆，可以训练对车辆四角的空间感知能力。简易桩杆的制作方法：在矿泉水瓶里装土、砂，然后插上树枝或废弃的铝塑管、粗些的废电线等，练习进出车位。平时多流汗，上路少出事。

（2）熟练的操作技能

熟练地操作方向盘、油门、刹车、灯光、雨刮器、空调、门窗开关等机件。新手单独驾驶上路前，一定要在原地认真熟悉自己车上的机件，边开边学着使用很危险。

（3）自信心

有些事故是被人为"说"出来的。比如有人信迷信，说今天出门不吉利，或者是做了个怪梦，或者有人总提醒，"你刚学会开车，要当心""你不撞人，人撞你"，导致一路上总想这些，分散了注意力，甚至是精神过度紧张，结果反而容易出事故。刚会骑自行车的时候，遇到对面来人来车时，因为操作不熟练，有时即使骑车在宽宽的马路上也会慌得掉进沟里。随着骑车技术的熟练，骑车走羊肠小道都游刃有余。开车也一样。准确的速度感和空间判断能力以及熟练的操作技能是自信的基础。只要有了这些基础，你会发觉上路驾驶不过如此而已！想想真比自己学骑自行车容易多了。

3.2　出车前的安全准备工作

❶带上驾驶证、行驶证等，还可买个家用急救包带上。

❷行车前除常用随车工具外，还应该带上如图3-1所示的物品。其中灭火器和锤子应放在驾驶室内。

❸备胎是必不可少的。记住备胎应当是随时能够使用的好胎，要经常检查它的气压。

(a) 警告标志

(b) 灭火器

(c) 锤子

(d) 手电筒

(e) 三角木

图 3-1　行车前需携带的物品

❹ 做好车内外安全检查。如图3-2所示。

注意看车底是否有酒瓶等障碍物或宠物

(a)

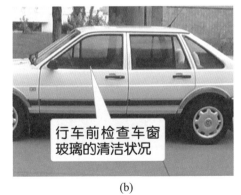

行车前检查车窗玻璃的清洁状况

(b)

行车前一定要检查后视镜的清洁状况，必要时进行清洁

(c)

图 3-2

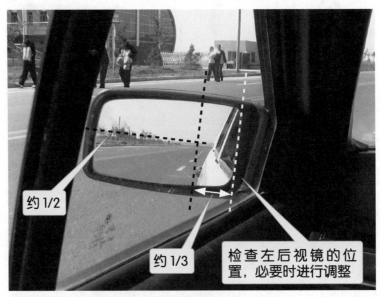

约1/2

约1/3

检查左后视镜的位
置，必要时进行调整

(d)

检查右后视镜的位
置，必要时进行调整

约1/3 约1/2

(e)

(f)

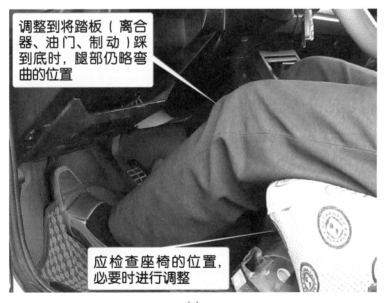

(g)

图 3-2　车内外安全检查要领

❺ 目测胎压是否正常。如图 3-3 所示。

略有凸出

(a) 胎压正常

瘪下去了

(b) 胎压过低

完全绷直

(c) 胎压过高

图 3-3　目测胎压

❻ 还应检查图3-4所示的项目。

清除异物，检查有无伤痕及磨损程度

(a)

磨 损 指 示 条

轮胎花纹与磨损指示条平齐时应立即更换轮胎

(b)

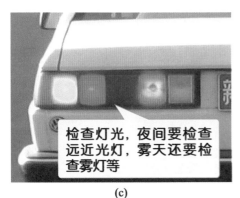

检查灯光，夜间要检查远近光灯，雾天还要检查雾灯等

(c)

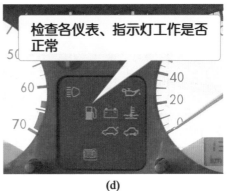

检查各仪表、指示灯工作是否正常

(d)

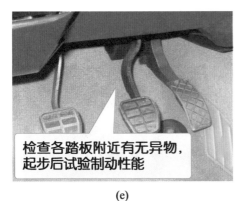

检查各踏板附近有无异物，起步后试验制动性能

(e)

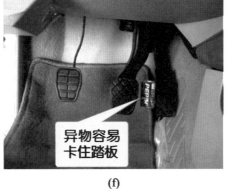

异物容易卡住踏板

(f)

图 3-4

起步后左右转动方向盘，略走"S"形，检查方向盘的工作状况

(g)

图 3-4 出车前应检查的项目

❼ 非职业驾驶员每隔一两周或一个月左右应进行如图 3-5 所示的安全项目检视，发现车辆异常时要随时停车检查。

最高液面

最低液面

(a) 检查制动液液面高度

最高液面
最低液面

(b) 检查冷却液液面高度

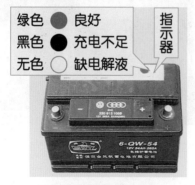

绿色 ● 良好
黑色 ● 充电不足
无色 ○ 缺电解液

指示器

(c) 检查电解液液面高度

拉出机油尺

(d) 检查机油液面高度

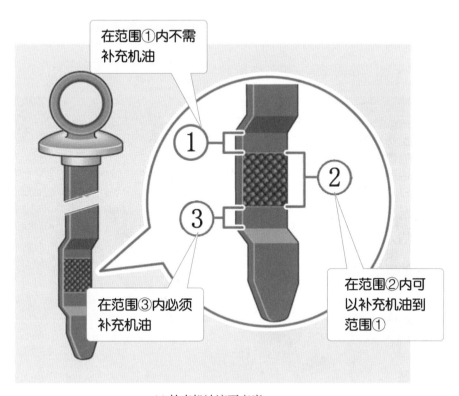

(e) 检查机油液面高度

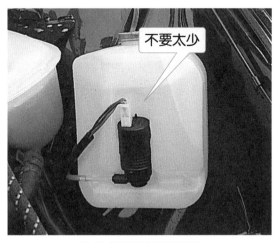

(f) 检查挡风玻璃清洗液

图 3-5　定期安全项目检视

3.3 | 边开车边问路很危险

边开车边问路很危险，如图3-6所示。

> 边开车边问路，容易忽视周围的情况，很容易出事，要问也要停好车再问，不要与行人或非机动车并行着问。有的人边开车边问路，结果冲上了公交站台；还有的人边开车边打电话问路，发生撞上高速公路护栏的事故

图 3-6 边开车边问路很危险

机动车驾驶员在夜间及清晨驾驶车辆时，在避免疲劳驾驶的同时，更要集中注意力，不要有接打手机等行为。不知道路时可找个安全的地方停车休息，等天亮了再找人问路。

3.4 | 迷路以后的安全驾驶方法

出远门要备上详细到标出村庄的地图册，即使有导航设备也要带上（导航也可能有出故障的时候）。

出远门也许会迷路。标识容易迷路的地方：被遮挡的城市道路，被树木遮挡、纵横交错的乡间道路，无路的旷野（图3-7），被白雪覆盖的道路。

无正规路的旷野，路口多，在阴雨天、夜间，方向难辨，容易迷路

图 3-7 容易迷路的旷野

3.4.1 防止迷路的方法

出行前对沿途经过的重要地点、自己熟悉的地点要牢记心中。有导航设备时，提前设定好目的地。阴天时尽量避免夜间行车。GPS只能作为参考，它的升级始终很难与城市交通发展的速度同步，所以有时甚至可能存在误导。而且，它的路线规划也并非适用于所有车主。让身边熟悉该路线的亲友告诉自己具体的行进路线，尽量记住，或记在手机、计算机、本子上。最好求助刚刚走过该路段的人，因为施工等原因，上午能走的路下午可能就被封上了。不管走到什么地方，随时向自己熟悉的亲友打电话问路，将自己所在的位置告诉对方，让他们告诉你下一步如何行驶，也是不错的方法。当然也有打不通电话的时候，进入旷野是很危险的事情，很多地方都没有手机信号，一旦出了问题可能危及生命。应带上移动电源和车载充电器，防止手机没电。一定要几辆车结伴出行，可以互相照应。

在需要重复走某些路线时，最好记住自己所经过路口前的环境特征或其他标记特征，如明显的建筑（小店、商场、银行等）、人行天桥等，作为提示自己行车的指示。凭借这些线索，驾驶者就可以很方便地提示自己及时变道，或者做好转向、掉头准备。

将行车路线用里程分段表示出来，结合相应的地形、路形、标志、地名，分段记忆行车路线。如：过某桥后3千米处路口左转，800米后在三岔路口处右行。这种方法运用起来准确性较高，掌握起来也不难，但在路口多、频繁转向时使用起来易出差错。此外，遇到道路变化时这种方法将失效。

3.4.2 万一迷路的补救措施

首先确定自己当前所处的位置和面对的方向，可利用导航设备、手机GPS、车载GPS、指南针以及看太阳、建筑物的方向、阴影方向等确定。没有定位设备的车辆或定位设备出了故障，阴天时以看建筑物的方向来确定自己的方向为主。

然后利用地图或导航设备确定前进方向和路线。到达下一目标时不要忙着继续赶路，先确定是不是预定地点，若是，则说明已经摆脱困境，可以继续行驶，否则应当再次确定前进方向和路线，直到摆脱困境。或者退回去，重新确定前进方向和路线。

如果刚一迷路就发现了，可以沿原路返回，然后利用地图或导航设备确定前进方向和路线。

夜间迷路也可以按上述方法处理。

关于问路：在人生地不熟的地方，要加倍小心，尤其是夜间，一定要选好对象，问公务人员、教师、小学生、老人，买瓶水顺便问小店店主，是比较可靠的。

3.5 | 躲避危险前必须看清周围的环境

躲避危险前必须看清周围的环境，如图3-8所示。

图3-8　躲避危险前必须看清周围的环境

3.6 │ 安全是交通参与者共同创造的

安全是交通参与者共同创造的，如图3-9所示。

图 3-9　安全是交通参与者共同创造的

3.7 │ 吸烟、药物与安全驾驶

开车吸烟：吸烟不仅危害人的身体健康，还能导致车祸的发生。据美国专家分析，烟雾刺激眼睛、呼吸道，易引起视觉模糊、咳嗽等。据测定，在黄昏时，如短时间内接连吸四支烟，可降低视力20%～30%。

服用一些药物后会使人们出现困倦、嗜睡、反应迟钝、视力和听力减退、注意力分散等不良反应，严重的有可能引起动作协调能力下降，从而做出影响安全驾驶的动作。如催眠药物、有恶心呕吐反应的药物、止痛类药物、抗高血压药物、降糖药物、兴奋剂以及一些感冒药等，服用后就会产生副作用。

"有车族"去医院看病时，应告诉医生，避免开出对驾驶产生不良影响的药物。实在不可避免时，应选择暂时放弃驾驶。自购药物时应详细阅读药品说明书，看清有哪些副作用和禁忌证。

一些影响驾驶的药物举例如表3-1所示。

表3-1　一些影响驾驶的药物举例

药物	举例	药物	举例
抗感冒类药物	泰诺等，品种多，请咨询医生或看说明书	抗心律失常药	如奎尼丁、心得安等
催眠药	苯巴比妥、水合氯醛等	抗心绞痛药	如硝酸甘油、消心痛、硝本啶等
安定药	冬眠灵等	抗生素	链霉素、庆大霉素等
抗焦虑药	闷可乐、多虑平等	抗过敏类药物	氯苯那敏及含有该药的复方制剂等
降血压药	利血平、可乐定等		

3.8 ｜ "眼镜族"安全驾驶注意事项

夜间不要长时间行车。可戴透光性好的眼镜或是戴隐形眼镜，一定要擦干净镜片。镜片不干净，会造成"星光灿烂"的感觉，不利于安全驾驶。

3.9 ｜ 关于空挡滑行

在平路上，时速在30千米以下，或者是快接近停车点时，试验证明使用空挡滑行是安全的（自动挡车辆不可空挡滑行），而且是能够省油的，但不能熄火空挡滑行，因为现在的车辆都有助力系统，只有在发动机运转的情况下助力系统才起作用。

下坡不可熄火或空挡滑行，尤其是下长坡，如图3-10所示。

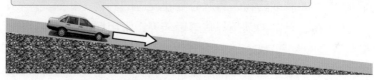

下坡不能熄火或空挡滑行。下长坡以挂低速挡并且不加油门控制车速为主，行车制动为辅，不要频繁、连续使用行车制动，以免失灵

图3-10　下坡不可空挡滑行

3.10 | 停车入位要尽量"完美"

停车入位安全知识如图3-11所示。

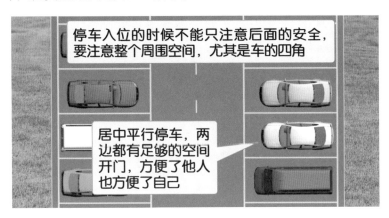

图 3-11　停车入位安全知识

3.11 | 疲劳驾驶的危害与防范

（1）疲劳驾驶的危害

驾驶员睡眠质量差或不足，长时间驾驶车辆，容易出现疲劳。驾驶疲劳会影响到驾驶员的注意、感觉、知觉、思维、判断、意志、决定和运动等诸方面。疲劳后继续驾驶车辆，会感到困倦瞌睡，四肢无力，注意力不集中，判断能力下降，甚至出现精神恍惚或瞬间记忆消失，出现动作迟误或过早，操作停顿或修正时间不当等不安全因素，极易发生道路交通事故。因此，疲劳后严禁驾驶车辆。

（2）疲劳的标志

❶ 反应变慢，说明已轻度疲劳，应停车休息片刻。

❷ 操作时感到力不从心，已进入中度疲劳状态，应立即停车，进行较长时间的休息。

❸ 昏昏欲睡，已进入深度疲劳状态，应立即停车，进行长时间的休息。

（3）避免疲劳驾驶

❶ 保证充足的睡眠。充足的睡眠时间因人而异，以醒后感到精力充沛为准。

❷ 如果驾驶员已经感到困乏或疲倦，最好找安全的地方停车休息一会儿或让车上其他的驾驶员驾驶车辆。尤其是在下午2时，很多驾驶员有午休的习惯，哪怕睡上10分钟也可以得到极大的缓解。

❸ 尽量不要在通常自己习惯睡眠的时间段驾车。因情况不同，人的睡眠时间并不一致。因为身体是按照一定的节律和模式工作的，如果打乱这一节律，将带来不良影响。

❹ 驾车前要考虑自己的状态，如果已经感觉自己在体力或精神上有些勉强，最好不要勉强驾驶，以免发生意外。

❺ 改变驾车环境也可以大大改善驾驶时疲劳的感觉，比如将窗户打开，强烈的风可以暂时提高驾驶员的兴奋程度。

❻ 在车内常备一些令人兴奋的食品或药物也是应对疲劳的好方法。疲劳时可以抹一些风油精，或是吃薄荷味的口香糖。

3.12 │ 酒驾的危害与防范

（1）酒后驾驶的危害

❶ 饮酒后驾车因酒精麻醉作用，操作能力降低，往往无法正常控制油门、刹车及方向盘。

❷ 饮酒后注意力及判断能力降低，人对光、声、刺激的反应时间延长，从而无法正确判断安全间距和行车速度，不能准确处理路面上的交通信息。

❸ 饮酒后会使视力暂时受损，视野大大减小，视像不稳，色觉功能下降，导致不能发现和领会交通信号、交通标志标线，对处于视野边缘的危险隐患难以发现。

❹ 在酒精刺激下，人有时会过高估计自己，具有冒险倾向，对周围人的劝告不予理睬，往往做出力不从心的事情。

❺ 饮酒后易困倦疲劳，出现驾车行驶不规律、空间视觉差等疲劳驾驶行为，甚至进入睡眠状态。

（2）杜绝酒后驾驶

❶ 正确认识酒后驾驶的危险性，不能有侥幸心理。

❷ 如果开车就要做到滴酒不沾。

❸ 聚会时，牢记切不可劝驾驶员喝酒。

❹ 浓茶、咖啡和苏打水不能解酒，喝得再多也没有用，不要误以为能解酒。

3.13 | 注意行车中的不安全因素

行车中应注意的不安全因素，如图3-12所示。

行车中切勿因外界因素分散注意力，例如看街景、与乘员不停交谈或接打手机等

图 3-12 行车中应注意的不安全因素

为了安全要注意以下因素。

❶ 反应能力下降时切勿驾驶汽车，酒精、药品（如感冒药）等会降低人的反应能力。

❷ 严格遵守交通规定及限速规定。高速行驶不超速的理由如下。

a.省油，超速行驶油耗增量很大，不经济。高速公路的交通负荷都比较大，路况变化很快。比如前方修路，2车道变为1车道。对于跑长途的车主而言，匀速行驶未必就会比别人慢。高速公路上几乎都有区间测速，若行驶得比别人快，十有八九要被罚款。为了不被罚款，只能快慢交替行驶，或者停车等待，没有什么意义。快的时候很可能超速，很危险。在有特别警示标志的路段应严格限速行驶，可有效地避免交通事故。

b.超速出事故是要负责任的。

❸ 按道路状况、交通流量及气候条件调整车速。和道路上的车流保持等速，是很安全的；过快或过慢都不安全。

❹ 长途行驶时至少每两小时休息一次。

❺ 尽可能避免疲劳驾驶。

❻ 在高速公路上不要跟大车，也不要被大车跟，尤其是路面光滑的时候或雨天、雾天。如果在高速公路上遇到数辆大车在互相超车，应设法远离它们，这样才会更有安全感。

❼ 路边停车休息。休息时要选择视线良好的安全地段停车，同时，应打开双闪。弯道、坡底都是视线受限的危险地段，千万不要在那里停车。

❽ 驾车时接打电话。驾驶员在通话时视力会下降20% ~ 70%，对周围环境的关注大大削减，安全隐患大大增加。

❾ 听音乐时音量过大。对于音乐爱好者来说，开车听音乐是件必不可少的事情，音乐可以减轻驾驶疲劳，放松紧张的神经，但是音量不可过大。音量过大会加重驾驶员的听力负担，分散驾驶员的注意力，降低驾驶员对周围环境及车辆情况的准确判断，所以听音乐时音量要适中，以不影响判断周围的环境为准。

❿ 不要在不适合驾驶的时间开车。喝醉了酒后驾车或者没有睡足疲劳驾车，都是很危险的，上路也许会成为"马路杀手"，所以在这样的时间段不要驾车。凌晨一点到四点，下午一点到四点，这两个时间段人的警觉性和行动比较迟缓，人也容易疲劳、精力分散，也是不适合驾驶的时间段。

⓫ 驾驶风格。一个人的驾驶风格对行车安全也很重要，逞强超车，好胜飙车，或者自信嘚瑟，故意显摆自己的车技，都是不好的驾车习惯，长此以往，发生车祸也许会由偶然变成必然，马总有失蹄的时候。

⓬ 驾车的心情。心情烦躁、低落，或者刚刚和他人吵架，或者刚刚被上司训斥，这时候开车就要注意了，一边开车，一边想事，稍不留神，就会发生事故。

⓭ 开车吸烟。喜欢吸烟的车主总喜欢在疲劳的时候，吸一支烟来提神。吸烟不仅对人的身体有害，在开车中也会影响驾驶员的视觉和动作，因为吸烟产生烟雾，刺激眼睛，影响视线，有时候还会被呛到，引起咳嗽，影响驾驶员的动作。

驾车中很多细节问题都会成为安全隐患，车上一个关键螺栓松了，路上的小石头、玻璃碴，遇红绿灯时车辆一时的失灵，都是安全隐患。但是车是人开的，即使遇到危险也有人死里逃生。人是安全驾驶的决定性因素，方向盘在自己手中，油门在自己脚下，安全不安全全靠自己，不可预料的横祸只有万万分之一！除了这万万分之一以外的事故都是可以避免的。对方违法行驶，自己可以提前躲，对方横冲直撞，飞速行驶，也许他醉了，但自己也可以提前躲，记住不能到了眼前再躲，那可就真来不及了！平时可以找个空地练习躲避技术。

第4章
人、车、路与交通安全

扫一扫
看动画视频

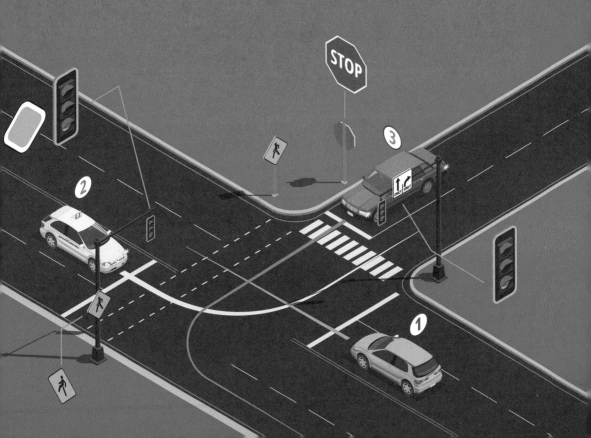

4.1 | 避免人为因素产生交通事故

4.1.1 道路交通事故的一般规律

（1）产生道路交通事故的原因

❶ 没有安全意识或者安全意识淡薄。

❷ 私自出车易发生事故。驾驶员私自出车时，心里不踏实，行驶过程中容易出现精神紧张、精力不集中、动作不协调等问题，遇有紧急情况就会手忙脚乱，导致事故发生。

❸ 酒后驾车易发生事故。酒能壮胆，酒后往往存在"侥幸心理"，过高地估计自己的驾驶技能，为"炫耀"自己的驾驶技术，往往有酒后驾驶的侥幸心理。当酒精在人体血液内达到一定浓度时，人对外界的反应能力和控制车辆的能力就会下降，因此，酒后驾车发生车祸的可能性是平时的16倍。不出事故是侥幸，发生事故是必然。我国因酒后驾驶机动车而引发的交通事故每年多达近万起，酒驾入刑就是为了遏制酒驾行为。应当牢记"开车不喝酒，喝酒不开车"，并认真付诸实施。

❹ 超速行驶易发生事故。俗话说"十次事故九次快，一次不快是意外"。试验表明，当汽车在水泥路面以时速40千米行驶时，制动距离为21米，当时速为80千米时，制动距离就可达到67米以上，时速每增长1倍，制动距离就延长2倍多，速度越快，制动效果越差。驾驶员切不可为了赶时间而超速行车，特别在市区行车，超速行驶不会节省时间。

❺ 疲劳驾驶易发生事故。驾驶员驾驶车辆超过2小时后，其体力、脑力、心力因消耗多会产生疲劳和瞌睡，此时大脑缺氧，中枢神经疲劳，知觉减弱，反应时间会延迟0.1秒左右，中速行驶时制动距离就会增加2米，发生车辆交通事故的概率就会大大增加。因此，驾驶员连续驾驶超过2小时应至少停车休息15分钟，再行驶2小时，应至少停车休息半小时，24小时内累计驾驶时间不应超过8小时。驾驶员每天连续睡眠时间也不得少于6小时，否则无法保证行驶安全。

❻ 不良驾驶习惯易导致事故。自觉遵守交通规则，严格安全操作规程，做到礼让三先，文明行车，是驾驶员应具备的基本驾驶习惯，也是安全行车的基本保证。如果驾驶员有为违章抢道、强行超车、闯信号灯、逆向行驶、开车接打电话、开"霸道车""赌气车"等不文明行为，不仅会妨碍对方车辆行驶，也无法保证自己的行车安全。

❼ 异常天气易发生事故。在雨、雾、冰、雪等气象条件下，公路行车视线、摩擦系数、制动距离、抗侧滑能力等都将发生很大变化，如果不采取有效措施，就很容易发生车辆交通事故。据统计，因特殊气象原因导致的车辆交通事故，占车辆交通事故总数的比例高达40%。因此，不良天气和冰雪路面行车，一定要按照道路交通管理规定要求采取有效的防范措施，只有这样才能保证行车安全。

（2）诱发道路交通事故的主要因素

诱发道路交通事故的因素很多，但主要因素是驾驶员、车辆、道路和天气四个方面。

❶ 驾驶员是导致交通事故的主观因素。因为人既是车辆的驾驶者，也是交通活动的参与者，更是对车、路、环境等因素的管理和使用者，在道路交通事故中起着决定性作用。道路交通事故的发生，要么是因为机动车驾驶员的疏忽大意、违章行驶和操作失误，要么就是行人和非机动车驾驶者不遵守交通规则。因此，管理和教育好人，使其成为一个驾驶技术好、驾驶作风硬的合格驾驶员，是有效预防道路交通事故的关键工作。

❷ 车辆是导致交通事故的机械因素。车辆由若干零部件拼合而成，车上的任何一个零部件出了问题都可能影响其行驶安全。机动车在各种各样的环境中运行，技术状况会以不同规律和不同强度发生变化，导致性能下降、零部件失灵或损坏，最终会因为疏于检修和保养造成交通事故。因此，及时检查和保养好车辆，使其保持良好的技术状态，是有效预防车辆事故的重要环节。

❸ 道路是导致交通事故的客观因素。道路是交通运输的基础设施，也是影响道路交通安全的因素之一。路面坑洼不平质量差、路面狭窄通行能力差、路面障碍物多视线差，都有可能直接导致发生车辆事故。路网坡道过陡结构不合理、弯道过多过急设计不合理、路口多灯光少环境不合理等，都有可能诱发车辆交通事故。因此，具备各种路况的驾驶技能，掌握各种环境的应对技巧，也是驾驶员安全驾驶车的必修课。

❹ 天气是导致交通事故的自然因素。不良天气直接影响人、车、路的正常状态。雨雾和沙尘天气能见度差，直接影响驾驶员的视距；雨雪天气路面湿滑甚至结冰，道路附着系数变小，制动效果变差；狂风暴雨天气容易吹倒路边树木、冲毁路基影响通行；炎热季节汽油容易挥发，电气线路绝缘物容易变软，易引起火灾，上述不良气候是引发车辆交通事故的自然因素。因此，高速公路雾天封闭、大雾天气不派车、大雨天气不出车、冰雪路面挂防滑链等规定，都是用血的教训换来的。

以上四种因素只要具备一种就有可能引发交通事故,但四种因素有时不单独发挥作用,所以发生事故的概率也就不一样。

4.1.2 视力与驾驶视力的错误规律

视力与驾驶视力的错误规律也容易产生交通事故。如物体与路面颜色接近时,从远处难以区分;道路被挖断或被大水冲断处,从远处几乎看不出有什么异常;狭窄胡同从远处看是一条缝,速度快时很难察觉等。如图4-1所示。

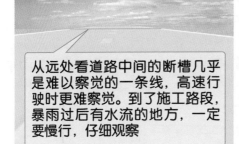

(a)

(b)

(c)

图4-1 视力与驾驶视力的错误规律

4.1.3 夜间（黄昏）事故与预防

夜间（黄昏）可能发生的事故：碰撞，驶出路面，驶出弯道，撞、压路边行人或非机动车等。

预防方法：掌握夜间行车特点，适当慢速，谨慎驾驶。

（1）夜间行车特点

夜间行车特点如图4-2所示。

(a)

(b)

图 4-2　夜间行车特点

所以适当慢行，经常看车速表是预防事故的有效方法。

（2）准确判断道路走向和地形是防止夜间事故的前提

可根据车速和发动机的声音判断地形。当车速自动减慢、发动机声音变沉闷时，说明行驶阻力增大，正在上坡或驶进松软路面；当车速自动加快、发动机声音变响亮时，说明行驶阻力减小，已进入正常路面或汽车已经下坡。

利用灯光的变化可直观地判断地形。

图4-3所示是车辆通过一段连续转弯坡路时灯光的变化情况。

(a)

(b)

(c)

(d)

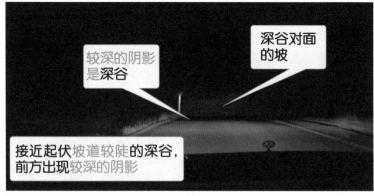

(e)

图 4-3

(f)

(g)

(h)

(i)

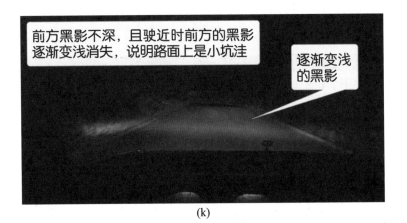

(j)

(k)

图 4-3　车辆通过一段连续转弯坡路时灯光的变化情况

（3）夜间行车事故预防注意事项

❶ 夜间行车一般注意事项如图4-4所示。

速度比白天要慢些，夜间快速行驶时应用远光灯

(a)

低速行驶时应用近光灯

(b)

遇自行车时，要防止骑车人遇到障碍突然摔倒或拐到道路中间

障碍

(c)

(d)

(e)

(f)

图 4-4

夜间行驶，应加大跟车距离，一般应保持在 50 ～ 100 米。近距离跟车应使用近光灯

近光

(g)

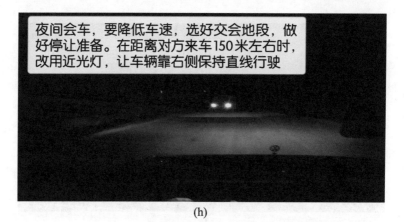

夜间会车，要降低车速，选好交会地段，做好停让准备。在距离对方来车150米左右时，改用近光灯，让车辆靠右侧保持直线行驶

(h)

如果对方始终不关远光灯，这时候要把目光移向道路右前方，以道路右前方标线或路基作为判断车辆位置的依据，并偏右行驶，要注意观察右侧安全，不要过于靠右，因为可能有行人和非机动车。如果需要靠右停车，一定要先确认右侧安全

会车时，若对方不关远光灯难以看清路面，要慢行，同时变换远近光灯提醒对方使用近光灯

(i)

图 4-4　夜间行车一般注意事项

❷ 夜间变更车道、转弯时，对于贴了车膜的车，驾驶员更不容易看清左右两侧的情况，所以车速要比白天慢，应更加仔细才行。

❸ 在窄桥、窄路与非机动车会车，近距离跟车，通过有交通信号灯控制的交叉路口，转弯时都应使用近光灯，转弯时还应开启转向灯。

❹ 通过急弯、坡路或拱桥、人行横道、没有交通标线和交通信号灯控制的路口、有交通标线但没有交通信号灯控制的路口，要交替变换远近光灯示意。

❺ 夜间机动车在道路上发生故障或交通事故，妨碍交通又难以移动时，应按如图4-5所示要领处理。夜间可将警告标志放在车后100米左右的地方。

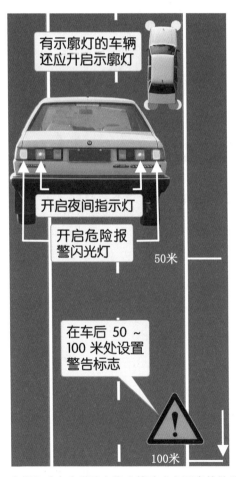

图4-5　夜间机动车在道路上发生故障或交通事故的处理要领

❻ 黄昏的时候物体的对比度变小，不容易看清与路面颜色相近的行人和其他交通参与者，所以要适当慢行，更加仔细地观察。

4.1.4 行人事故与预防

与行人相遇可能发生的事故：剐、碰、碾压等。

预防方法：掌握行人的运动规律，谨慎驾驶。

大多数行人看到汽车驶来或听到喇叭声或听到汽车的行驶声，都能够及时避让。具体预防方法如图4-6所示。

(a)

(b)

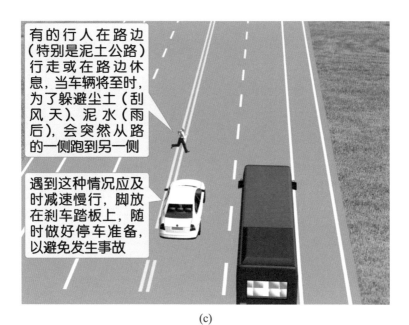

(c)

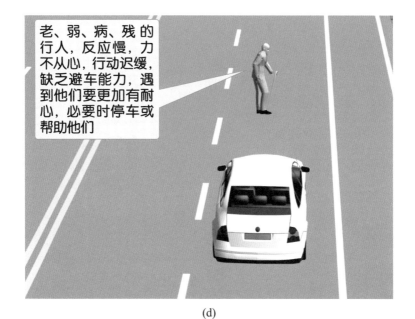

(d)

图 4-6

(e)

小孩不懂交通规则，喜欢在马路上追逐玩耍，遇车则四处乱跑，容易出事。驾驶员要仔细观察他们的动向，脚放在刹车踏板上，做好随时采取应急措施的准备

鸣喇叭后毫无反应的人可能是聋哑人，盲人听到喇叭响会急忙躲闪，但不知躲闪的程度，往往不敢迈步，遇到他们要更加有耐心，必要时停车或帮助他们

(f)

图 4-6 行人事故与预防方法

总之行人的心理状态和反应，通过真观察和分析，都能够掌握。时间久了，自然能够做到心中有数，防患于未然，确保证行车安全。

4.1.5　儿童事故与预防

儿童天真活泼，好奇心强，运动突然性很强，顾此失彼，自控能力和应变能力较差，遇到紧急情况难以应对，因而发生交通意外事故的概率较大，往往要高于成人好几倍。

所以，看到胡同、院落大门等处有玩具出来，看到注意儿童标志、学校标志，路边有玩耍的儿童，路中有玩耍的儿童等情况时，一定要提前减速，脚放在刹车踏板上，做好随时停车的准备。

4.1.6　注意几类行人

（1）带儿童的行人

成年人带几个小孩在路上行走，见到来车或听到车声时，小孩和成年人奔跑方向无法预测，可能突然折返，因此一定要提前减速缓行，脚放在刹车踏板上，做好随时停车的准备。

（2）穿雨衣的行人

穿雨衣的行人，听觉和视线受到影响，不能及时发现和避让机动车，应仔细观察，多鸣喇叭，远离行人，缓慢通过。

（3）突然横穿公路的行人

没有隔离设施的道路，有的行人会随意横穿公路。当发现有人横穿公路时，应立即采取制动措施，并向安全方向避让，打方向时不可过猛过快，能避开即可。

（4）推拉人力车的行人

推拉人力车的行人，体力消耗较大，控制车辆困难，必须保持足够的安全距离，以防刮碰，必要时停车。

（5）赶牲畜的行人

牲畜遇机动车可能会乱跑，主人为保护牲畜往往冲到路中驱赶，却忘了自己的安危。此时，一定要提前减速缓行，脚放在刹车踏板上，做好随时停车的准备。

（6）骑自行车的行人

骑自行车的行人，尤其是载物时，行驶不稳，很容易失去平衡而跌倒。遇到这种情况，驾驶员要及早鸣喇叭，观察动态，确保安全通过。

（7）听障人士和盲人

如果遇到鸣喇叭毫无反应的行人，可能是听障人士，要减速缓行，从其身旁较宽一侧避让通过。盲人听觉灵敏，通常听到汽车响声就急忙避让，但不能准确确定避让方向。此时，应仔细观察，判断其动作，缓慢通过。不要频繁鸣喇叭，以免盲人无所适从。必要时，可下车搀扶盲人离开危险区。

（8）患精神疾病的行人

患精神疾病的行人，往往在路上毫无规律地游荡，有时手舞足蹈随意拦车，甚至横卧在道路上。此时应缓行绕过。如遇这类行人缠闹，应关闭驾驶室，待其离开后驶离。

（9）顾此失彼的行人

有的行人，东西掉在路上，为尽快捡回，忘记了机动车的临近，还有些行人突然折返。此时，驾驶员一定要提前减速缓行，脚放在刹车踏板上，做好随时停车的准备。

（10）低头沉思的行人

低头沉思的行人，听不到汽车的行驶声、喇叭声。此时要仔细观察行人的反应，减速鸣喇叭，在确保安全距离的情况下，缓行通过，必要时停车。

（11）赶集的行人

赶集的行人常常误认为车多人多，车速慢，绝对不会出事，三五成群，随意横穿车缝，随意走动。这时候车缝间"鬼探头"现象增加，尤其是跟随的小孩，被倒车挤压碰擦事故时常发生。遇到这类行人，应缓行，脚放在刹车踏板上是最好的解决方法。

4.1.7 不得临近鸣喇叭的几种情况

遇到盲人、精神异常的行人、幼童、成群玩耍的少年、儿童或成群结队的人，不得临近鸣喇叭，这几种人听到喇叭声后躲避的行踪没有规律，难以判断下一时刻的状况。正确的做法是：视实际情况，或减速，或慢行，或缓行，必要时停车等待。不减速只顾按喇叭往前冲，后果也许不堪设想，造成重大事故的例子很多。

4.1.8 骑车人的事故与预防

骑车人的事故与预防方法如图4-7所示。

4.1.9 吸烟驾车事故与预防

开车不要吸烟：烟雾影响视力，让注意力变迟钝，容易引起火灾，污染驾乘空间。

图4-7 骑车人的事故与预防方法

4.1.10 避免超速行驶

超速是相对的超速，不是说速度快就一定是超速。在限速40千米/时的街道上以50千米/时的速度行驶就是超速，在高速公路上就不是超速，在高速公路上行驶速度要在60千米/时以上。限速值越低说明交通情况越复杂，超出限速值行驶很容易发生事故，所以要避免超速行驶。

4.2 │ 避免车辆因素产生交通事故

4.2.1 制动事故与预防

（1）刹车失灵的预防

加强定期维护，规范出车前的检查。出车前，驾驶员应当按照程序检查制动效能是否正常，如注意检查制动管路有无滴漏现象，如果发现制动踏板的行程异常或制动效能骤减现象要及时送修。

车辆在下长坡、陡坡时无论有无情况都应该踩一下刹车踏板，既可以检验刹车性能，也可以提前发现可能出现的刹车失灵，从而赢得更多控制车速的时间，把事故消灭在萌芽状态。

下长坡时，若长时间制动，会因制动器过热导致刹车失灵。因此在下长坡时，驾驶员应充分利用发动机制动控制车速，在频繁使用制动后，应选择安全地段，猛踩刹车踏板测试制动效能，如发现异常应慢慢开到修理厂维修。

（2）刹车失灵的紧急处置方法

根据路况和车速控制好方向，换入低速挡，利用发动机的牵引阻力使车速迅速降低。有独立驻车制动系统的车辆，拉驻车制动手柄和减挡可以配合使用。可用右手在按下驻车制动手柄按钮的同时适当拉驻车制动手柄，车辆如有侧滑现象，可以把手柄向下放松一些，速度降低后，再减挡，重复这个过程，直到安全停车。注意不能拉紧不放，如果拉得太紧，容易使制动盘"抱死"，很可能损坏传动机件而丧失制动能力；如果拉得太慢，会使制动盘磨损烧蚀而失去制动作用。

如果是下坡时出现刹车失灵，不能利用车辆本身的机件控制车速，或是情况太紧急，实在来不及操作，可利用车的保险杠、车厢等刚性部位与路边的天然障碍物（如大树、山体等）摩擦、碰撞，从而达到停车脱险、避免更大损的目的。

如果是上坡时出现刹车失灵，应适时降入中低挡，保持足够的动力驶上坡顶停车。如需半坡停车，应保持前进低挡位，拉紧手制动，随车人员及时用石块、垫木等物卡住车轮。如有后滑现象，车尾应朝向山坡或安全的一面，并打开前照灯和危险警告指示灯，引起过往车辆的注意。

体验方法：在空旷安全的地方不使用刹车，模拟刹车失灵时的停车操作过程。

4.2.2 转向事故与预防

（1）转向失控和失灵是可以预防的

只要严格执行车辆的维护保养，转向失控和失灵是可以预防的。

驾驶员应当定期对车辆的转向系统进行维护，出车前进行安全检查，确保转向系统各部件的安全可靠。如：出车前注意检查方向盘的自由间隙是否过大，各连接机构是否松动等，防止转向失控和失灵的发生。

（2）转向突然失控的应急驾驶方法

充分利用驻车制动和行车制动，避免紧急制动。

汽车若仍能保持直线行驶状态，前方道路情况也允许保持直线行驶时，则不必采取紧急制动。应踩下离合器踏板，轻轻拉驻车制动操纵杆，随速度的降低逐渐加重，最后踩制动踏板，让车缓慢平稳地停下来。打开危险警告指示灯和前照灯。

如果继续直线行驶的距离比较短，则应立即松抬加速踏板，换入低挡，拇指按住驻车制动手柄按钮，均匀而有力地拉驻车制动手柄。当车速明显降低时，逐渐踩下制动踏板，踩下离合器，尽快使车辆逐渐停住。打开危险警告指示灯和前照灯。

如果汽车偏离直线行驶方向，事故已经无法避免，则应果断地连续踩踏制动踏板，使汽车尽快减速停车，以缩短停车距离，减轻撞车的力度。

对于装有动力转向和动力制动的汽车，若突然发现转向很困难，或者踏下制动踏板刹车效果不好，可能是动力部件有了故障。此时驾驶员还可以实现转向和制动，但操作很费力，这时应谨慎驾驶，低速前进，将车辆停到适当的地点修好或打救援电话求救。

体验方法：在空旷安全的地方双手丢开方向盘，用左手抓住一个固定的地方，如车门把手、方向盘管柱、座椅等地方，模拟方向盘失灵状态下的紧急处置操作。

4.2.3　轮胎事故与预防

按厂家规定的值充气，是各种使用条件下充分发挥轮胎性能的最佳保证，同时可确保行车的安全与舒适并避免不正常的磨损。驾驶中要避开地面上的尖锐物体，必要时下车排除，可最大限度地防止爆胎。

爆胎的紧急处置方法如下。

万一遇到爆胎的情况，一定不要慌张，处理问题要果断。如果汽车后胎爆了，汽车仅仅是上下颤动，方向盘还可以控制得住，汽车倾斜也不严重，只要收油和减挡，慢慢将车停下即可。若是前轮爆胎，不仅汽车会颤动，发生倾斜，而且方向盘也会突然被一股巨大的力量拉向爆胎的那一边，比较危险。因此，在高速行驶中如果发生爆胎，尤其是前轮发生爆胎，绝对不能首先踩刹车踏板，而要用双手紧握方向盘，尽量控制前进方向，并慢松油门踏板让汽车减速，速度降低后，如单手能控制住方向盘，争取抢挂低速挡，越级也可，控制不住就轻点刹车踏板，单手能控制住方向盘后再抢挂低速挡或空挡，等到车速完全降下来以后，操作方向盘把车停在路边安全的地方，更换轮胎。

上高速公路行驶之前要仔细检查一下轮胎气压是否符合要求，并做好应对发生意外情况的心理准备。平时就要养成时时刻刻抓好方向盘的习惯，时时刻刻提高警惕。这样才能在发生爆胎的关键时刻，沉着冷静，较好地控制好方向，化险为夷。

爆胎后立即抢挂低速挡的方法不可取，因为此时全力以赴地控制方向都十分困难，抢挂低速挡动作更是难以进行，速度降低后再抢挂低速挡。如果实在应对不了，速度降低后踩下离合器踏板也可，速度进一步降低后再缓踩刹车踏板，靠边停车。

体验方法：在空旷安全的地方，将某个前轮的气放掉一部分，可在一定程度上模拟爆胎的停车操作过程。

4.2.4 装载事故与预防

常见的装载方法及可能引发的事故如图4-8所示。

横穿车窗装载装饰材料很危险，容易刮上车辆和行人。一旦出事，费时又费钱

(a)

顺着车拿着物品，如果抓不住，发生倾斜或掉落，可能会导致自己受伤，还可能引起其他车辆的追尾事故

(b)

图 4-8　常见的装载方法及可能引发的事故

此外，在车内放置饮料等最好装箱、装袋，以免滚动到踏板下面影响操作。玻璃瓶包装的物品应放到后备厢里。不要在仪表台上、后排座位后面放置物品，尤其是容易滚动的物品，急刹车、急转弯或猛加速都会导致这些物品落下甚至伤人。

4.2.5 自燃事故与预防

❶ 夏季加油过满可引发自燃事故。汽车油箱盖上都设有通气孔，如果汽油加得比较满，会产生汽油"蒸气"，行驶中可能还有汽油溢出，遇上静电或烟头等明火就可能引发火灾。

❷ 不要在车内放置打火机等易燃品，日光暴晒会引起打火机爆炸或自燃而引发火灾。

❸ 挡风玻璃下面的落叶进入发动机舱易引发火灾，如图4-9所示。

要及时清除挡风玻璃下面的落叶，以免进入发动机舱引发火灾

图4-9 落叶进入发动机舱易引发火灾

❹ 如果闻到汽油味比较大，可能是油管漏了，一定要顺着油路检查，必要时可去维修站检查维修。

❺ 电路老化、改装后超负荷运行导致导线过热都会引发自燃事故，所以改装电路不要超负荷，保险烧坏后不要换用大规格保险，应查明原因，排除隐患。

❻ 即使没有改装电路的车辆，也有可能发生自燃。发动机工作时发动机舱的温度较高，发动机附近的线路更易老化、破裂，一旦短路可能会导致自燃发生。所以应经常打开舱盖检查发动机舱内导线外的保护套是否完整、有没有导线被摩擦、有没有破损是很重要的事情。一旦发现问题要立即去修理厂排除。对于那些平时疏于保养的旧车，更要勤检查。

4.2.6　拖带挂车事故与预防

拖带挂车事故与预防方法如图4-10所示。

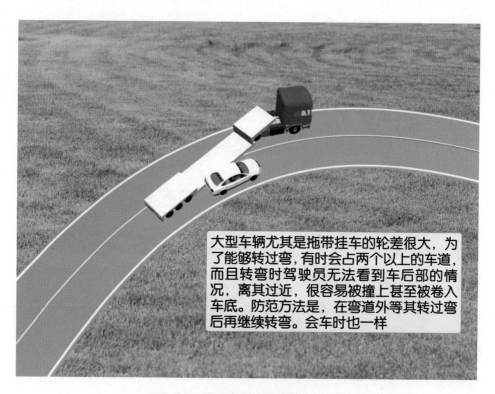

大型车辆尤其是拖带挂车的轮差很大，为了能够转过弯，有时会占两个以上的车道，而且转弯时驾驶员无法看到车后部的情况，离其过近，很容易被撞上甚至被卷入车底。防范方法是，在弯道外等其转过弯后再继续转弯。会车时也一样

图 4-10　拖带挂车事故与预防方法

4.2.7　遇摩托车、拖拉机时的安全驾驶

遇摩托车、拖拉机时的安全驾驶方法如图4-11所示。

图4-11　遇摩托车、拖拉机时的安全驾驶方法

4.3 │ 不同道路条件预防交通事故的方法

4.3.1　平直路

平直路可能发生的事故：碰撞、侧滑、翻车、追尾等。

预防方法如图4-12所示。

紧急制动时防止侧滑或翻车事故的方法：遇紧急情况进行紧急制动时要记住，不但要制动，还要找空隙躲避，这时候要快速反复扫视周围的情况，迅速做出决定，不可盯住一两个目标不放，因为你采取措施的时候别人可能也在采取措施，上一时刻的安全地带现在可能已经不安全了，可能需要再次找新空隙躲避。其实如果每个人都能保持足够的车距，不强行加塞，紧急情况很难发生。

(a)

(b)

(c)

图 4-12 平直路可能发生的事故及预防

中低速行驶遇紧急情况时的紧急制动方法如下。

❶ 装备 ABS 系统车辆的紧急制动方法如图4-13所示。

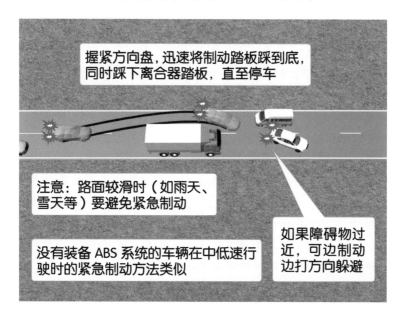

图 4-13 装备 ABS 系统车辆的紧急制动方法

❷ 没有装备ABS系统的车辆高速行驶时（时速高于60千米）应采用如图4-14所示的方法制动。

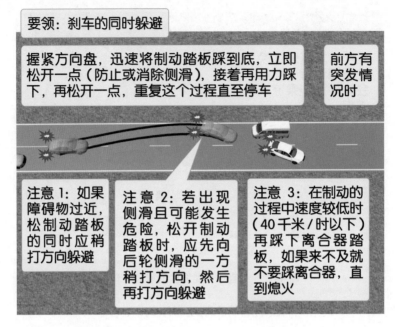

要领：刹车的同时躲避

握紧方向盘，迅速将制动踏板踩到底，立即松开一点（防止或消除侧滑），接着再用力踩下，再松开一点，重复这个过程直至停车

前方有突发情况时

注意 1：如果障碍物过近，松制动踏板的同时应稍打方向躲避

注意 2：若出现侧滑且可能发生危险，松开制动踏板时，应先向后轮侧滑的一方稍打方向，然后再打方向躲避

注意 3：在制动的过程中速度较低时（40 千米/时以下）再踩下离合器踏板，如果来不及就不要踩离合器，直到熄火

图 4-14　没有装备 ABS 系统的车辆紧急制动方法

行车中使用行车制动器的注意事项如下。

❶ 对于没有装备 ABS 系统的车辆，点刹（反复踩一下松一下）在任何时候都能使用，只是不同情况下"点"的力量和频率不同而已。车速快可"点"得重些、频率高些，车速慢可"点"得轻些、频率低些。若装备 ABS 系统的车辆遇到紧急情况，必须一次性用力把制动踏板踩到底，而且不要松开，同时注意控制好方向，千万别用点刹，否则 ABS 不仅不发挥作用，还容易发生危险。一般情况下视车速和车距适当用力踩住制动踏板不放松或点刹即可。装备 ABS 系统的车辆制动时会发出正常的噪声且制动踏板踩下去时还会震颤，这都是正常的，不必害怕。操纵装有 ABS 系统的车辆不要随意急转弯、快速变道、猛打方向、反复制动，否则会发生危险。

注意：ABS 系统的主要作用是防止车轮在急刹车时抱死或打滑，它不能缩短制动距离。而且装备 ABS 系统的车辆在松软或者凹凸不平的路面（如土、砂、戈壁、积雪路面）上制动距离有可能比没装备 ABS 系统的车辆更长。所以不管驾驶什么样的车必须与其他车辆保持足够的安全车距。

❷ 要尽量避免紧急制动。

紧急制动易造成后车追尾，可能引起连锁反应导致塞车。路滑、高速行驶（速度在 60 千米/时及以上）时还易引起侧滑或甩尾，所以要提前做好预防，应尽量避免紧急制动。

　　尽量避免急制动的方法：准确观察并预见交通流下一时刻的状态，提前做好思想准备（不是提前做动作），该慢的时候一定要慢，该快的时候一定要快，根据道路状况（交通流的状况、路面摩擦力等）保持相应的安全跟车距离，可以最大限度地避免急制动。比如过路口前，要提前减速并观察其他交通参与者的行驶动态，有盲区时应想到可能有人或车或其他物体出现，雨、雪天适当增加跟车距离，一定要慢行，从而给刹车或避让留下充足的时间或空间，这样遇情况时自然就从容不迫了。

　　❸ 请牢记：遇紧急情况时应先制动后打方向（躲避）。

　　❹ 进入弯道前要提前制动，使车速降至安全速度以下，不要在转弯时制动，以免发生侧滑，驶出路面，必须制动时只能轻踩制动踏板或使用点刹的方式。

　　❺ 除急刹车外平时也要注意练习踩制动踏板的力度。理想的制动力度是由轻变重，然后由重变轻，反复进行，到达目标前逐渐减轻踩踏，待车辆停止的瞬间，让制动力度刚好变为零，停的瞬间再立即踩下。上、下坡停车时应在车辆停稳的瞬间立即踩死制动踏板。

4.3.2　平面交叉路口

　　平面交叉路口可能发生的事故：刮、碰、碾压、追尾等。

　　（1）通过有信号灯控制的交叉路口

　　❶ 一般注意事项如图4-15所示。

(a)

图 4-15

(b)

图4-15　通过有信号灯控制的交叉路口一般注意事项

❷ 绿灯亮时直行预防事故的方法如图4-16所示。

(a)

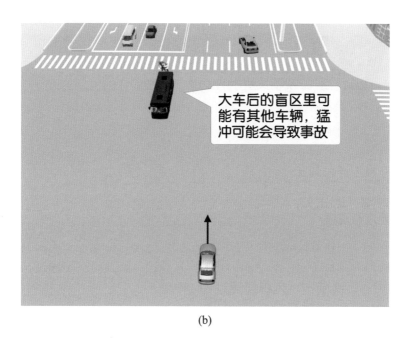

(b)

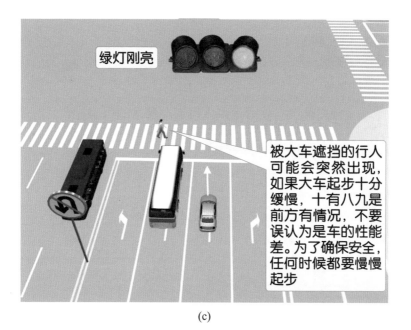

(c)

图 4-16 绿灯亮时直行预防事故的方法

❸ 绿灯亮时右转预防事故的方法如图4-17所示。

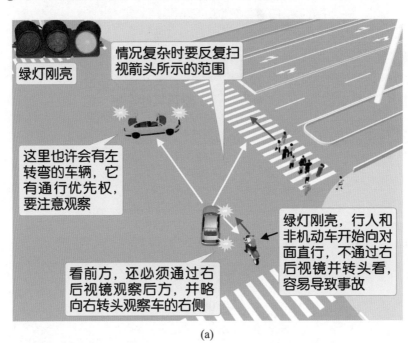

绿灯刚亮

情况复杂时要反复扫视箭头所示的范围

这里也许会有左转弯的车辆，它有通行优先权，要注意观察

绿灯刚亮，行人和非机动车开始向对面直行，不通过右后视镜并转头看，容易导致事故

看前方，还必须通过右后视镜观察后方，并略向右转头观察车的右侧

(a)

绿灯刚亮

绿灯刚亮，要等这条人行道上剩余的行人通过后再右转，猛起步容易撞上行人，这时候行人拥有道路通行优先权

(b)

图 4-17　绿灯亮时右转预防事故的方法

❹ 红灯亮时右转预防事故的方法如图4-18所示。

(a)

(b)

图 4-18

(c)

图 4-18　红灯亮时右转预防事故的方法

❺ 左转弯预防事故的方法：无论有没有车道信号灯的控制，只有绿灯亮时才能左转弯。如图 4-19 所示。

(a)

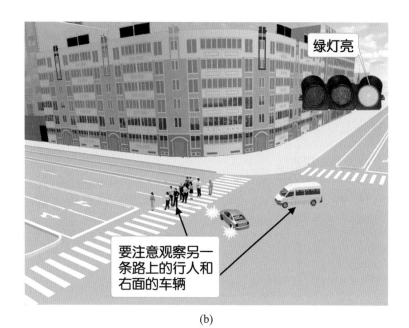

(b)

(c)

图 4-19

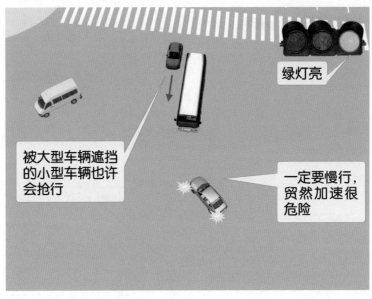

(d)

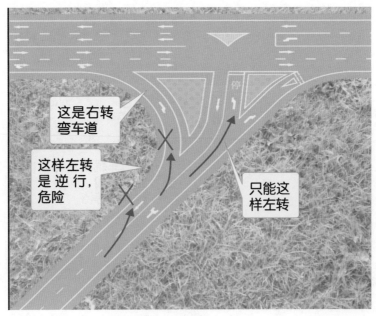

(e)

图 4-19　左转弯预防事故的方法

（2）通过无信号灯控制的交叉路口

通过无信号灯控制的交叉路口注意事项如图4-20所示。

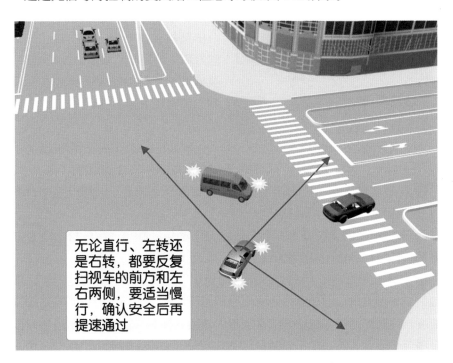

无论直行、左转还是右转，都要反复扫视车的前方和左右两侧，要适当慢行，确认安全后再提速通过

图 4-20　通过无信号灯控制的交叉路口注意事项

4.3.3　坡路

坡路容易发生的事故：溜车、坡顶撞、制动性能下降、制动失灵。

（1）手动挡汽车坡道起步事故预防

为了防止起步溜车发生事故，对于手动挡汽车，请按下面的方法起步。

上坡起步操作顺序：❶ 踩下离合器踏板；❷ 挂一挡；❸ 开左转向灯；❹ 看前方和三后视镜；❺ 松离合器至半联动，快要熄火时稳住，松手刹，车是不会溜的（坡度过大时为防止熄火，到半联动稳住离合器时可立即边加油边松手刹），根据坡度适当加油；❻ 起步后完全松开离合器踏板；❼ 起步后关左转向灯。

踩下离合器踏板、制动踏板临时停车后，向上坡方向起步，或倒车起步。不用手刹的方法：松离合器踏板至半联动，快要熄火时稳住，松制动踏板，车是不会溜的，将右脚移到油门踏板上，根据坡度适当加油，起步后完全松开离

图 4-21　下坡起步

合器踏板。

下坡起步（图4-21）按平路起步的操作顺序进行。操作顺序：踩下离合器踏板；挂一挡；开左转向灯；看前方和三后视镜；松离合器至半联动，根据坡度，不加油或适当加油；松手刹，完全松开离合器踏板；起步后关左转向灯。

下坡时，汽车有下滑的趋势，所以下坡起步时应注意以下几点。

❶ 视坡度的大小，挂入合适的挡位进行起步，坡度小时挂低速挡，坡度大时挂中速挡，严禁空挡滑车起步。

❷ 下坡起步时，松开手刹后车辆就会下溜自动起步，所以松抬离合器踏板可稍快且平稳，油门不可太大，有时可以不加油。

❸ 如需控制车速，可适当踩制动踏板。若需要以很慢的速度行车，如通过地下停车场的入口通道时，可将离合器踏板踩到底，只用行车制动器控制行车速度，这时候通过半联动无法实现很慢速度的控制，快到坡底时再慢慢放松离合器至半联动，然后视车速减轻踩制动踏板的力量，到平路上再彻底松开制动踏板，靠半联动控制行车速度。

坡道行车时应注意以下几点。

❶ 在坡道转弯处要减速并鸣喇叭，靠右行驶。

❷ 下坡时不能熄火或空挡滑行。

❸ 不要跟车太近。上坡时跟车距离要适当加大，下坡时应更大些。

❹ 在下坡路的尽头如有桥梁，应提前降低车速，平稳通过。

（2）手动挡汽车上下坡停车事故预防

❶ 上坡停车。

上坡停车操作要领与平路停车基本一样，但应注意：车速较快时，可在松开油门踏板后，先踩下离合器踏板，待车将要停下时，踩下制动踏板将车停住。拉紧手刹后挂空挡，慢慢放松制动踏板，如果松开制动踏板时车辆有向后溜的现象，应马上再踩下制动踏板，重新拉紧手刹后，挂空挡，再慢慢松抬制动踏板。如图4-22所示。

如果车速较慢，应在踩下离合器踏板的同时，踩下制动踏板，再拉紧手刹，挂空挡，以防车辆后溜。如图4-23所示。

图 4-22　上坡车速较快时的停车操作

图 4-23　上坡车速较慢时的停车操作

❷ 下坡停车。

下坡停车时，先适当踩下制动踏板使车速减慢，车将停下时再踩下离合器踏板，并继续踩下制动踏板使车停住，再拉紧手刹，挂空挡。如图4-24所示。

应特别注意：一般情况下是不允许将车辆停在坡道上的，如果确实要在坡道上停车，而且时间较长，应在发动机熄火后，将变速杆挂入低速挡（上坡停车）或倒挡（下坡停车），还应用三角木或石块等塞在后车轮的后面（上坡停车）或前面（下坡停车），以防手制动未到位或失灵造成事故。

图 4-24　下坡停车

（3）手动挡汽车沿上下坡方向倒车

❶ 沿上坡方向倒车。

沿上坡方向倒车（图4-25）的方法与上坡起步的操作方法类似，不同之处是这里需要挂倒挡。当然应使离合器踏板、油门踏板、手刹的操作配合好，避免熄火或沿斜坡向下冲。起步后适当加油后倒即可。倒至预定位置后，在踩下离合器踏板的同时，踩下制动踏板，即可使车辆平稳停住，拉紧手刹，挂空挡。踩离合器踏板要略快，防止熄火。

❷ 沿下坡方向倒车。

沿下坡方向倒车（图4-26），需要挂倒挡。松开制动后车辆会向后溜滑，起步一般不需要加油。可先踩下制动踏板，然后放松手刹，接着松抬离合器至半联动，根据坡度大小松抬制动踏板，起步后完全松开离合器踏板，并利用行车制动器控制倒车速度。也可采用松开离合器踏板的同时松手刹的方法起步，起步后再利用制动器控制倒车速度。倒至预定位置后，在踩制动踏板的同时，踩下离合器踏板，即可使车辆平稳停住，拉紧手刹，挂空挡。如果车轮刚好处于坡道的洼坑处，不加油无法起步时，可采用坡道起步的方法起步，起步后一旦驶出洼坑处，右脚应迅速松开油门踏板并移到制动踏板上，适当踩踏以控制倒车速度。

图 4-25　沿上坡方向倒车

图 4-26　沿下坡方向倒车

如果需要以很慢的速度倒车，可将离合器踏板踩到底，只用行车制动控制倒车速度。

（4）自动挡汽车坡道事故预防

❶ 上下坡速度的控制。

上长陡坡时，用D挡，车辆可能会反复自动换挡，车速时快时慢，会加速变速箱的磨损和积炭的产生。这时应用2挡或者1挡爬坡，爬完后再挂D挡行驶。

下坡时，不要一直用踩制动踏板的方式来控制车速，应采用制动器和低挡联合制动的方式，以减少制动器的磨损。下长陡坡时视车速挂限制挡（3挡、2挡、1挡之一，下小坡则没有必要这么操作）可以实现发动机的制动作用。在D挡时发动机是没有制动作用的，它只会使车辆越滑行速度越快。

❷ 坡道停车与起步。

起步时不要忘记开左转向灯，看前方和三后视镜，以看左后视镜为主，起步后关左转向灯。停车时不要忘记开右转向灯，看前方和三后视镜，以看右后视镜为主，车辆停好后不要忘记关右转向灯。

在坡道停车的时候，先踩制动踏板使车停稳，再挂入N挡。

拉紧驻车制动器，松开制动踏板。

待车辆稳定下来后，再挂入P挡。

按从缓到陡的程度，选挂限制挡（3挡、2挡、1挡之一）起步。缓坡时用D挡起步也可。

上坡路起步防止溜车的方法如下。

方法一：踩制动踏板，挂限制挡（3挡、2挡、1挡之一，缓坡可挂D挡），等一会，迅速抬踩制动踏板，加油门起步；或用左脚踩制动踏板，挂限制挡，然后左脚边松制动踏板、右脚边加油的方法起步。

方法二：拉紧驻车制动器，踩制动踏板，挂限制挡（3挡、2挡、1挡之一，缓坡可挂D挡），等一会，再抬制动踏板，适当加油起步的同时，放松驻车制动器。

下坡起步按平路起步的操作顺序进行。

当坡道短而不陡，路面又平坦时，应利用惯性冲上去，但时速一般不要超过50千米，将要驶到坡顶时收油门减速，靠右行、鸣喇叭，夜间要用灯光"告诉"来车，以免与来车相撞。

4.3.4 弯道

平路弯道驾驶比山路简单些，这里介绍山路弯道事故的预防。

弯道可能发生的事故：碰撞、侧滑、冲出弯道、翻车、坠落等。

预防方法：慢行是避免发生事故的根本，必须根据弯曲的程度选择合适的速度。

驾驶中要注意如图4-27所示的问题。

最后请牢记绝不能空挡滑行。山路上连续上坡和连续下坡多，距离长，长时间刹车会造成制动性能下降，相当危险。下长陡坡时应当挂低挡，利用发动机制动行驶。

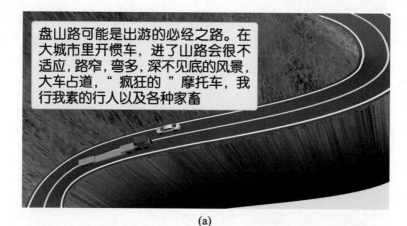

盘山路可能是出游的必经之路。在大城市里开惯车，进了山路会很不适应，路窄，弯多，深不见底的风景，大车占道，"疯狂的"摩托车，我行我素的行人以及各种家畜

(a)

必须保持在自己的车道里慢速行驶。山路弯多、坡多，视线受限，如果在道路中间行车，在弯中遇到来车极容易导致手忙脚乱。另外，大型车辆在急弯中借对方车道转弯是常有的事，遇到大型车辆借道时，在自己的车道里行驶很容易躲闪

(b)

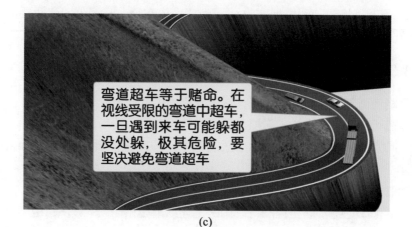

弯道超车等于赌命。在视线受限的弯道中超车，一旦遇到来车可能躲都没处躲，极其危险，要坚决避免弯道超车

(c)

图 4-27　山路弯道事故的预防

4.3.5 高速公路

高速公路可能发生的事故：追尾、碰撞、侧滑、翻车等。

预防方法如下。

❶ 车速增加一倍，制动距离约增加四倍。超速行驶时，驾驶员精神紧张，更容易疲劳，所以不要超速行驶。要保持足够的前后安全距离和超车时两车平行时的左右安全距离。如图4-28所示。

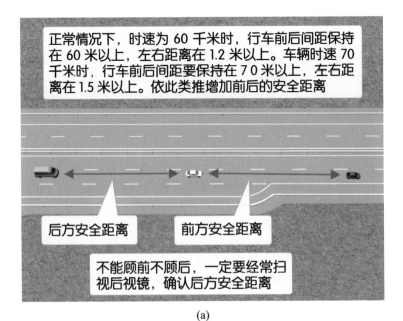

(a)

(b)

图 4-28

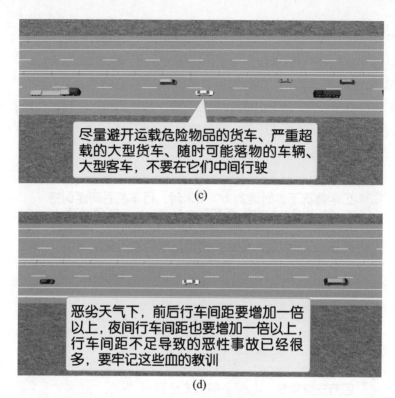

尽量避开运载危险物品的货车、严重超载的大型货车、随时可能落物的车辆、大型客车，不要在它们中间行驶

(c)

恶劣天气下，前后行车间距要增加一倍以上，夜间行车间距也要增加一倍以上，行车间距不足导致的恶性事故已经很多，要牢记这些血的教训

(d)

图 4-28　高速公路事故预防方法

❷ 上路前必须充分休息，保证充足的睡眠。因为人在困倦时，反应迟钝，判断能力下降，极易发生交通事故。在高速公路上行驶时，由于道路条件较好，景物单调，驾驶员不需要更多的驾驶操作，更容易放松警惕（图4-29），产生昏昏欲睡的倦怠感，所以每隔2小时左右或是感到疲倦时应到服务站休息20分钟左右。

不能因为行车环境单调就放松警惕，要一如既往地观察路面动态，因为前方车辆可能会突然制动、前方道路上可能会突然出现障碍物等，只有这样才能实现真正的安全行车

图 4-29　高速公路行车注意事项（一）

刚开始出现疲劳现象时，可打开车窗呼吸新鲜空气，提高音响的音量，然后到最近的服务站休息，待大脑完全清醒后再继续行驶。

❸ 要注意看指示牌，避免错过路口。万一错过路口，应到下一个路口驶出，千万不能倒车，倒车十分危险，很容易被后面高速行驶的车辆追尾。

❹ 不要在高速公路上下乘员，如图4-30所示。

图4-30 高速公路行车注意事项（二）

❺ 在高速公路行车道上突然减速、停车、变道、掉头、不开转向灯等突然性的行为，很容易造成后车追尾，一旦后车追尾后果不堪设想，而且前车要负全部责任。后方车辆尤其是大型车辆急刹车，或者同时打方向避险很有可能造成翻车等事故，即使没有接触前车也得承担全部责任。

❻ 如果所有座位都有安全带，应让所有乘员都系上，万一急刹车可以避免受伤或减轻受伤程度，更不至于被抛出车外。

4.3.6 铁道路口

铁道路口可能发生的事故：碰撞、半路熄火等。

预防方法：在通过铁道路口时，车辆时速不能超过20千米，要一气通过，中途不得换挡。如果路口有物体挡住视线，不得贸然通过，更不得强行通过。如在有坡度的道口等待，应拉紧手刹，防止车辆溜车，与后面等待的车辆发生碰撞。起步时按坡道起步要领进行，若不熟练，宁可憋熄火也不能溜车。

为了防止通过铁路道口时发生事故，要做到：一停，二判，三通过。

一停：如图4-31所示。

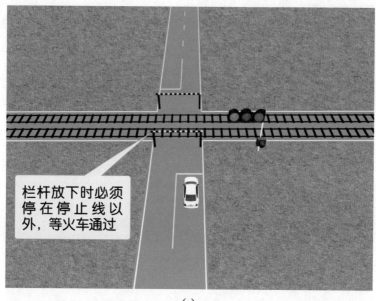

栏杆放下时必须停在停止线以外，等火车通过

(a)

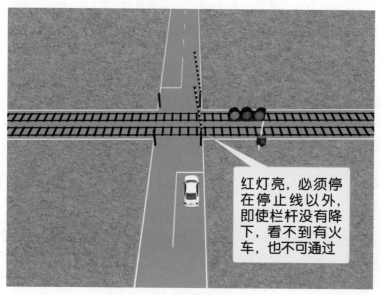

红灯亮，必须停在停止线以外，即使栏杆没有降下，看不到有火车，也不可通过

(b)

图4-31　一停

　　二判：通过眼观耳听判断是否安全。要看清交通标志和信号灯。通过无人值守、无栏杆的铁道路口前，更要提高警惕。

　　三通过：如图4-32所示。

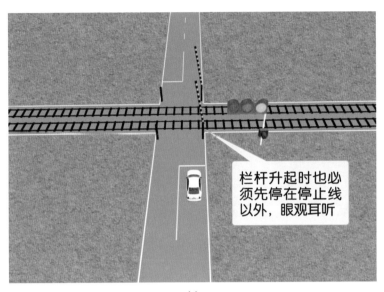

栏杆升起时也必须先停在停止线以外，眼观耳听

(a)

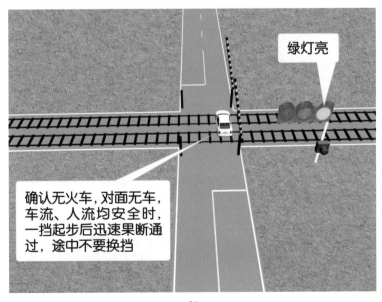

绿灯亮

确认无火车，对面无车，车流、人流均安全时，一挡起步后迅速果断通过，途中不要换挡

(b)

图4-32

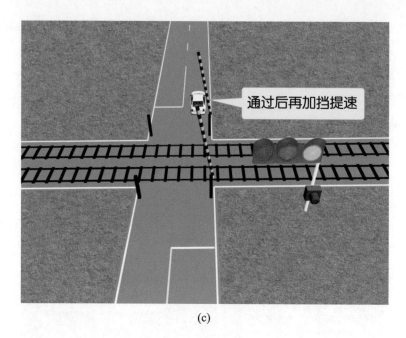

(c)

图 4-32　三通过

注意：如图4-33所示。

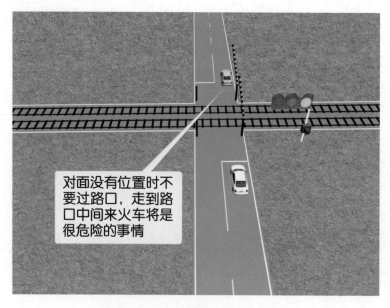

图 4-33　通过铁道路口注意事项

在铁道路口熄火的急救方法：如图4-34所示。

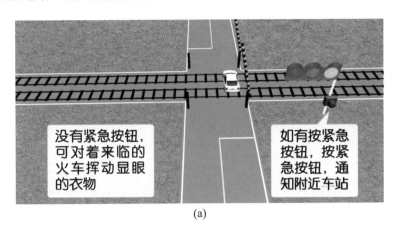

(a)

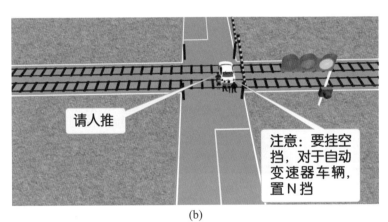

(b)

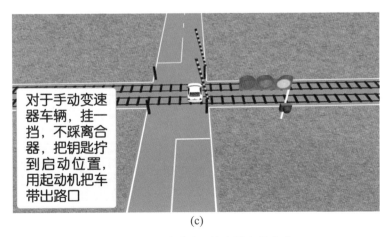

(c)

图 4-34　在铁道路口熄火的急救方法

4.3.7 桥梁

不要在桥梁上超车，必须适当降低速度。有的乡村桥梁质量比较差，必要时下车查看，确认安全后再通过。

4.3.8 隧道

通过隧道可能发生的事故：碰撞等。通过隧道时高速行驶，是引发事故的重要原因。

预防方法：如图4-35所示。

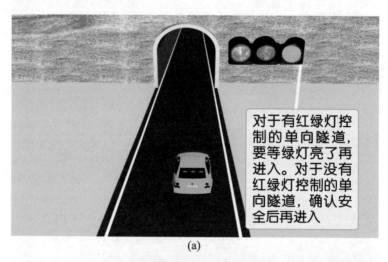

对于有红绿灯控制的单向隧道，要等绿灯亮了再进入。对于没有红绿灯控制的单向隧道，确认安全后再进入

(a)

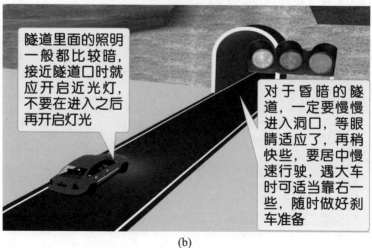

隧道里面的照明一般都比较暗，接近隧道口时就应开启近光灯，不要在进入之后再开启灯光

对于昏暗的隧道，一定要慢慢进入洞口，等眼睛适应了，再稍快些，要居中慢速行驶，遇大车时可适当靠右一些，随时做好刹车准备

(b)

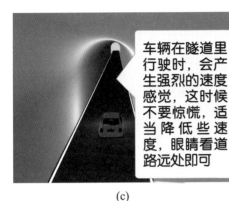
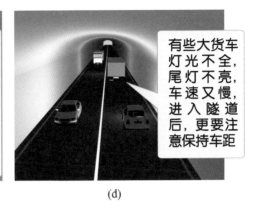

(c)　　　　　　　　　　　　(d)

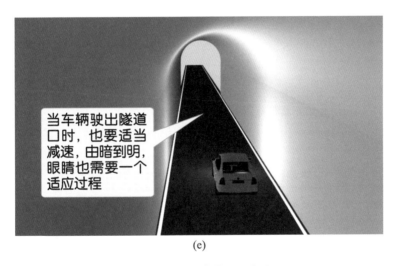

(e)

图4-35　隧道事故预防方法

通过个别路况差的隧道时更要慢行。一些隧道内大量的尘埃不能及时地排出洞外而是沉积在路面上，车辆尾气中的小颗粒也凝聚在路面上，形成一层溜滑的物质，降低了路面的摩擦系数，尤其遇水潮湿后，摩擦系数下降更多，极易造成车辆侧滑、方向失控而发生交通事故。有些隧道内的反光板被过往车辆扬起的灰尘遮盖，效果很差。一些隧道里面警示标志不多或者不够明显，当驾驶员进入隧道内后，因为里面灯光朦胧，不能及时看清楚隧道前方路况，很容易发生追尾等事故。水泥路面的隧道，遇到雨季等恶劣天气，空气相对湿度达到70%～90%时，水泥路表面会蒙上一层小水珠，车辆因湿滑也容易发生事故。冬季可能还有薄冰。

4.3.9 漫水路

乡村漫水路如图4-36所示。

可能发生的事故：陷车、卡住、淹没等。

预防方法：漫水路下可能有大坑洼、压坏的井盖，必要时应下车探路。遇到无法探明路况的情况最好绕道行驶，以免发生意外。

图4-36　乡村漫水路

4.3.10 环形路口

环形路口可能发生的事故：碰撞等。

预防方法：在环形路口应注意驶入和驶出标志，通过时须将时速降到40千米以下，直行车须驶入左车道。在进入环形路口或在路口内变更车道时，都必须让在原车道内行驶的车辆先行。入岛的车辆要让环岛内的车辆先行。转向灯的使用：右转弯时右灯进右灯出，对于其他路口则是左灯进右灯出。对于双车道环岛：小车可以直接进入内侧车道。

下面以驶向除右转以外的路口为例说明预防事故的方法。如图4-37所示。

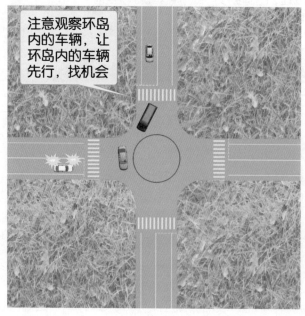

(a)

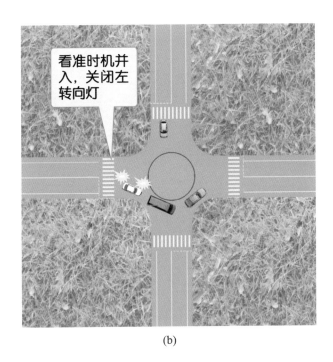

(b)

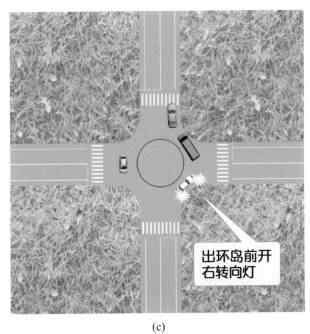

(c)

图 4-37

(d)

(e)

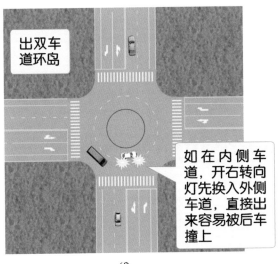

(f)

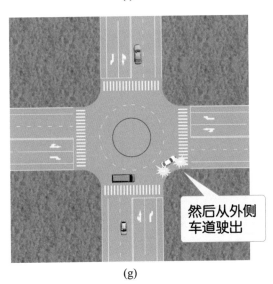

(g)

图 4-37　环形路口事故预防方法

4.3.11　其他恶劣路面（凹凸路面等）

年久失修的公路边缘很有可能被压垮，这时候要尽量靠公路中间行驶。

加油站、加气站路口也是车辆汇聚点之一，追尾事故、侧撞事故和剐擦事故多，驾驶员通过加油站或加气站门口时，要注意观察车辆和人员动态及附近交通状况，确认安全后再通过。

第5章
避免常规驾驶时发生交通事故的方法

扫一扫
看动画视频

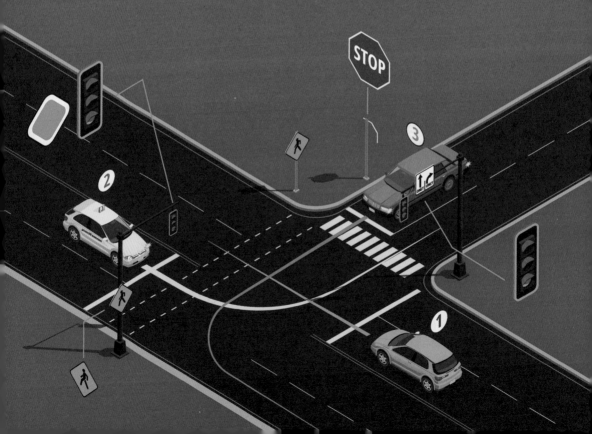

5.1 | 自动驻车功能的使用技巧

　　在一般的坡道上打开自动驻车功能，可以防止溜车，方便坡道停车与起步，其他情况下自动驻车功能可以打开也可以不打开。在等红绿灯起步前（起步后正常行驶时再打开自动驻车功能）、在走走停停的拥挤道路上行驶时，最好关闭自动驻车功能，不关闭，速度慢时自动刹住，后车容易追尾，加油门重新起步时的蹿动容易追尾前车。例如，在绿灯起步时，如果前车起步后因紧急情况急刹车，起步的蹿动很容易追尾前车。在街面、车位等地方，前行起步、倒车起步、掉头等需要缓行的情况下应关闭自动驻车功能，如果不关闭自动驻车功能，加油门起步时引起的蹿动很容易导致撞击其他车辆、行人等。

　　自动驻车功能使用方法如图5-1所示。

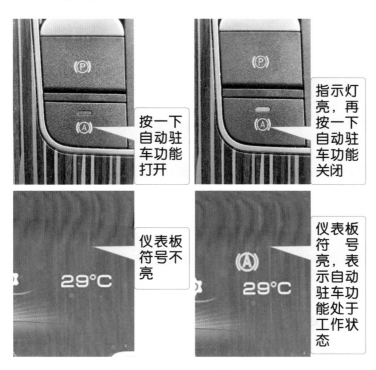

图5-1　自动驻车功能使用方法

5.2 | 陡坡缓降系统的使用技巧

　　对于小于50%的陡坡（坡高和水平坡长的比例），可以打开陡坡缓降功能，如果速度仍然加快可配合脚刹控制车速。对于大于50%的陡坡，手自一体的车辆换成手动模式，非手自一体的车辆，挂L挡。

陡坡缓降系统使用方法如图5-2所示。

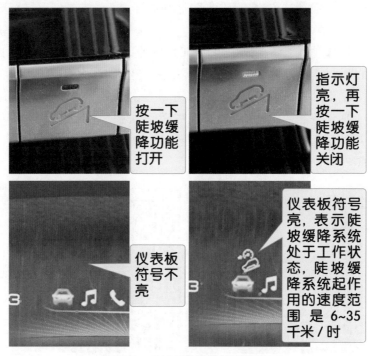

图 5-2　陡坡缓降系统使用方法

5.3 ┃ 自动巡航功能使用注意事项

使用自动巡航功能时，若跟车距离过近会自动刹车，在弯道时也会自动刹车，为了安全，建议跟车距离过近时或者弯道处还是将脚放在刹车踏板上准备刹车。

5.4 ┃ 避免将油门当刹车的"绝招"

反复练习：驾驶一辆不熟悉的车，在没有启动的状态下，脚反复在油门和刹车之间快速转换，直到练烦为止。休息一会再练，烦了再休息，重复到本能状态，也就十分钟左右的时间。

临近胡同、交叉路口的时候，前车驾驶员正常踩刹车的时候，需要减速的时候，车多人杂的时候，把脚挨在刹车踏板上，不踩，靠惯性和怠速继续前行，需要刹车时，根据实际情况决定踩刹车踏板的力度，若情况比较危险，一脚踩到底即可。

在街面上缓行、进出车位、倒车等情况下，脚放刹车踏板上，让车辆靠惯性和怠速继续前行，用刹车踏板控制车速（手动挡可以配合半联动）。

如需前进或者倒上短陡坡，比如举升机平台，汽车装潢店的门槛，要微量慢慢加油（手动挡配合半联动），车的两轮上去后立即将脚放到刹车踏板上，点踩刹车踏板，然后逐渐缓慢加油，用同样方法让另外两轮上去，刚　上去，立即踩刹车踏板，并控制车辆到位。猛轰油门上去，车辆会蹿行，非常危险，两个轮子上去后不踩刹车踏板，由于阻力减小，车辆会蹿行，所以感到车轮上去后（车速变快）立即靠踩刹车踏板控制车速（手动挡配合半联动）。

5.5 │ 起步、倒车、掉头事故与预防

起步、倒车、掉头时控制车辆蠕动行驶是防止事故的法宝。

起步、倒车、掉头时控制车辆蠕动行驶的方法如下。

手动挡：踩下刹车踏板和离合器，挂一挡或倒挡，松离合器至半联动，松手刹，松一点点脚刹，车辆蠕动起步，接着通过适当踩脚刹的力度，配合半联动，控制车辆蠕行的速度。

自动挡：踩下刹车踏板，按住锁止按钮，挂D挡或R挡，松手刹（电子手刹也要通过手动松手刹），松一点点脚刹，车辆即可靠怠速蠕动起步，然后通过适度轻踩刹车踏板的方法，控制车辆蠕行的速度。

带自动驻车功能的自动挡：踩下刹车踏板，按住锁止按钮，挂D挡或R挡，关闭自动驻车功能，松手刹（几乎都是电子手刹，手动松掉电子手刹），松一点点脚刹，车辆即可靠怠速蠕动起步，然后通过适度轻踩刹车踏板的方法，控制车辆蠕行的速度。如果只是松开手刹，而不关闭自动驻车功能，油门过小，一松油门又会自动刹住，需要加稍大点的油门才能起步，起步后会蹿动一段距离（加完油右脚从油门踏板转向刹车踏板这段时间行驶的距离），很危险，所以控制车辆蠕行时，要把自动驻车功能关闭，松一点点刹车踏板，靠怠

速蠕动起步，接着用刹车踏板控制蠕行速度，这样就没有了右脚从油门踏板转向刹车踏板这个过程，右脚始终在刹车踏板上，就不可能发生将油门踏板当刹车踏板踩的情况了。

（1）起步事故预防

起步时可能发生的事故：压小孩、宠物、玻璃、角铁等。

预防方法：如图5-3所示。

注意看车底是否有宠物

(a)

必要时伸出头向左、后扫一眼

如果有宠物扒在车前后某处，驾驶员可能看不见，上车前一定要找到其主人，让其看好再起步。无人看管的宠物，你上车前它可能不在车跟前，你上车后说不定它就扒到车的某处了

(b)

(c)

(d)

(e)

图 5-3

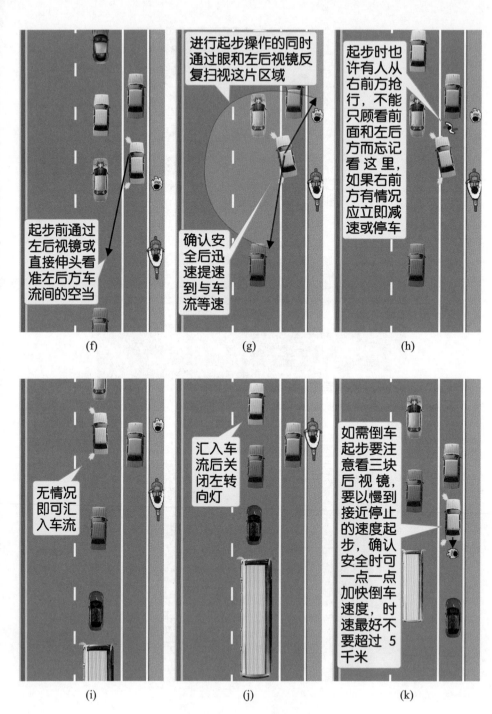

图 5-3　起步事故预防方法

（2）倒车事故预防

倒车时可能发生的事故：撞上后方行人、电线杆、树木、台阶、垃圾桶等，剐擦车的四角。

预防方法：为了防止倒车中撞上后方行人、电线杆、树木、台阶等，除了反复观察周围环境、把脚放在刹车踏板上、靠怠速慢速倒车外，正确判断车尾的位置很重要。学会了这种方法，可以保证倒车时准确到位。一旦倒车影像和倒车雷达出故障，照样可以轻松倒车。倒车影像和倒车雷达也有盲区。几种方法结合更安全。

看后视镜确定车尾位置的方法如图5-4所示。

(a)

(b)

(c)

(d)

图 5-4　看后视镜确定车尾位置的方法

在后视镜里看不到所画的那条线，也可调整后视镜，直到看到后方的那条线。

倒车有看后车窗倒车、伸出头看左后方倒车和看后视镜倒车三种方法。倒车时挂倒挡，配合半联动控制车速，时速不要超过5千米。对于自动挡车辆，可适当加些油。

无论直线倒车还是转弯倒车，不但要注意车后面的安全，还要注意与车顶高度相当的树枝和施工地点的钢管，不要撞上它们。

❶ 直线倒车事故预防。

a.看后车窗倒车：为了保证沿直线后倒，注视后车窗倒车时要选好后方的参照点，如路沿、路面实线、路面虚线等和后挡风玻璃下边的交点。在其他情况下，车库门边框、路边树木等都可选作参照物，以方便、安全为选取原则。如图5-5所示。

(a)　　　　　　　　　　　　　(b)

图 5-5　看后车窗直线倒车方法

b.看左、内、右三后视镜倒车：交通情况复杂时，要反复轮番看它们，有树木、电线杆等物体的地方，看后视镜时要注意判断和它们的间隔，不要撞上，尤其是三厢车，距离后方物体20厘米时，可以下来看看，然后再上车以通常的驾驶姿势看后视镜里有多远，记住它。如图5-6所示。

图 5-6　看左、内、右三后视镜直线倒车方法

❷ 转弯倒车事故预防。

通过后视镜只能看到后方景物很窄的一部分，在转弯倒车的过程中后视镜

中的景物在不停地变化，容易看错，必须仔细观察，弄不清是地面的什么位置时要立即停车，不要乱打方向，盲目后倒，以免发生事故。

整个倒车过程中不但要通过后视镜（或倒车影像系统）看后方、左右两侧的情况，还要反复扫视前方、车头左右角，以防剐擦。

a.右转弯倒车。图5-7是右转弯倒入路口时观察后视镜中景物的实例。

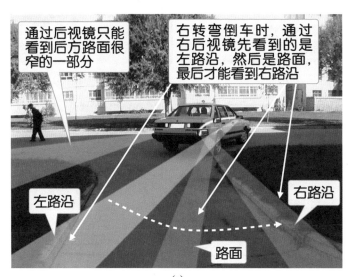

(a)

(b)

图 5-7

(c)

(d)

(e)

(f)

图5-7 右转弯倒入路口时观察后视镜中景物的实例

b.左转弯倒车。如图5-8所示。

(a)

(b)

(c)

(d)

图 5-8　左转弯倒车方法

　　当在左后视镜中看到左路沿相对于车身的位置后面略宽、前面略窄时，就应回方向；当前面略宽后面略窄时，应稳住方向。如果车尾相对左路沿不再转动，说明已在直线后倒；若旋转，可转动方向盘调整方向，要少打少回。

　　看后视镜倒车时，若情况复杂，要反复看左、内、右三后视镜。如图 5-9 所示。

图 5-9　看后视镜倒车注意事项

（3）掉头事故预防

　　掉头时可能发生的事故：与来车相撞，掉下路基，掉入沟中，撞上路边的树木、里程碑等。

预防方法如下。

❶ 在宽阔的路段，开左转向灯，确认前后安全，一次即可完成掉头，车横在路中间时一定要反复看左右两侧道路的情况，有来车抢行时，必须停车等待其通过。如图5-10所示。

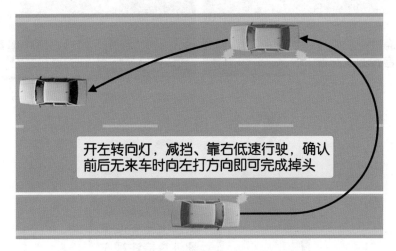

开左转向灯，减挡、靠右低速行驶，确认前后无来车时向左打方向即可完成掉头

图 5-10　宽阔路段掉头方法

❷ 如图5-11所示，在窄路上通过多次进退掉头时，尽量选择车少、宽阔的地方，横在路上时要反复扫视左右的来车情况。往后倒时后面多留些空间，在危险地段时让车头朝向危险地段。判断前后位置的方法在下面的具体操作中介绍。如果路的两边是坡，有树等，必须保证前后保险杠不撞上它们，这可以按前面介绍的判断前后保险杠位置的方法来判断。若没有坡、树，则以车轮靠近路边为判断标准。

按前面介绍的确定横向位置的方法，让车贴近路边行驶，挂一挡，半联动，开左转向灯，确认前后安全后，迅速向左打满方向

(a)

一进

左前轮接近路沿时迅速向右回方向，尽量多回

为了防止车辆驶出路面，车头离路沿较远时就应将右脚置于刹车踏板上，不要踩

一进

注意：左前轮接近路沿时每个人看到的路沿的位置都有些差别，记住你自己看到的位置

这时候在车内看路沿大致在这个位置

(b)

一进

左前轮贴近路沿时停车

一进

注意：左前轮贴近路沿时每个人看到的路沿的位置都有些差别，记住你自己看到的位置

这时候在车内看路沿大致在这个位置

(c)

一退

为了防止车辆退出路面，车尾离路沿较远时就应将右脚置于刹车踏板上，不要踩

挂倒挡，半联动，起步后迅速向右打满方向，不熟练时可先向右打满方向，然后起步

右后轮接近路沿时迅速向左回方向，尽量多回

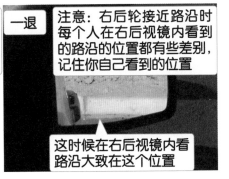

一退

注意：右后轮接近路沿时每个人在右后视镜内看到的路沿的位置都有些差别，记住你自己看到的位置

这时候在右后视镜内看路沿大致在这个位置

(d)

图 5-11

一退

右后轮贴近路沿时停车

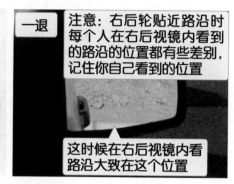

一退

注意：右后轮贴近路沿时每个人在右后视镜内看到的路沿的位置都有些差别，记住你自己看到的位置

这时候在右后视镜内看路沿大致在这个位置

(e)

二进

挂一挡，半联动，开左转向灯，确认道路左右安全后，迅速向左打满方向，右前轮接近路沿时迅速向右回方向

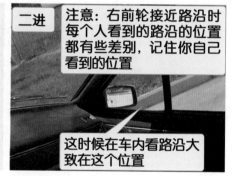

二进

注意：右前轮接近路沿时每个人看到的路沿的位置都有些差别，记住你自己看到的位置

这时候在车内看路沿大致在这个位置

(f)

二进

右前轮贴近路沿时停车

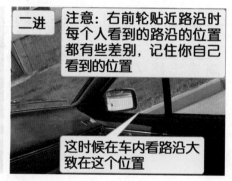

二进

注意：右前轮贴近路沿时每个人看到的路沿的位置都有些差别，记住你自己看到的位置

这时候在车内看路沿大致在这个位置

(g)

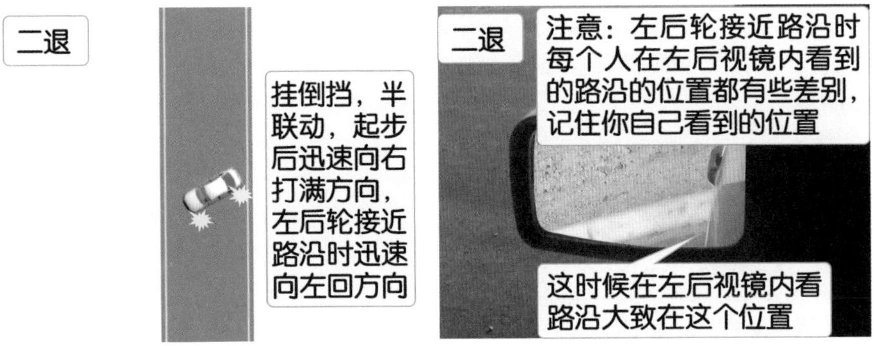

二退

挂倒挡，半联动，起步后迅速向右打满方向，左后轮接近路沿时迅速向左回方向

二退

注意：左后轮接近路沿时每个人在左后视镜内看到的路沿的位置都有些差别，记住你自己看到的位置

这时候在左后视镜内看路沿大致在这个位置

(h)

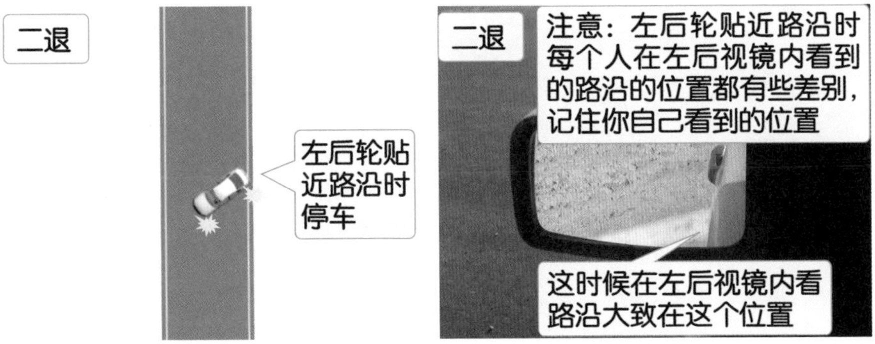

二退

左后轮贴近路沿时停车

二退

注意：左后轮贴近路沿时每个人在左后视镜内看到的路沿的位置都有些差别，记住你自己看到的位置

这时候在左后视镜内看路沿大致在这个位置

(i)

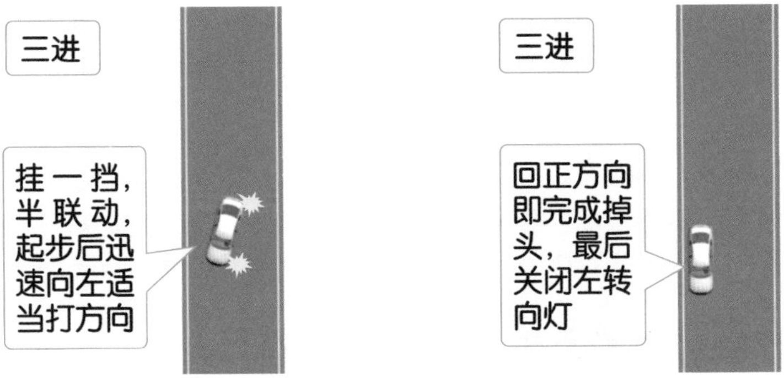

三进

挂一挡，半联动，起步后迅速向左适当打方向

三进

回正方向即完成掉头，最后关闭左转向灯

(j)

图 5-11　狭窄路段掉头方法

5.6 | 跟车事故与预防

跟车可能发生的事故：追尾，侧面碰撞，过路口因大车遮挡碰撞其他交通参与者等。

预防方法：如图5-12所示。

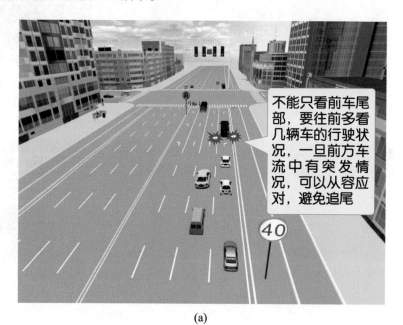

(a)

不能只看前车尾部，要往前多看几辆车的行驶状况，一旦前方车流中有突发情况，可以从容应对，避免追尾

根据车速保持足够的车距，车速越快，车距要越大。缓慢行驶时保持 5 米左右的车距即可，即使堵车也不能紧挨着前车停车，尤其是在坡路上，因为前车可能会溜车

(b)

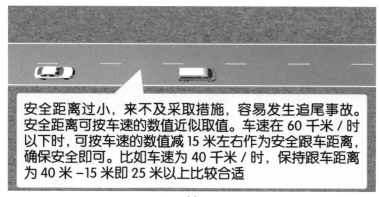

(c)

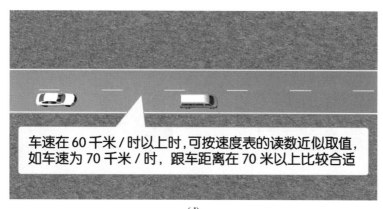

(d)

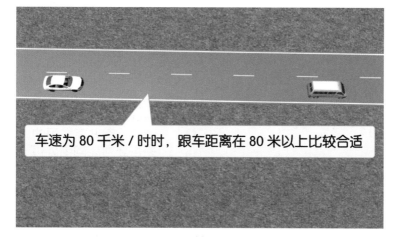

(e)

图 5-12

是否安全除了速度因素外，还要看交通复杂程度。在人车混杂的狭窄道路上，以30千米／时的速度行驶就很危险，车速应降得更低才行，越拥挤就要越慢

(f)

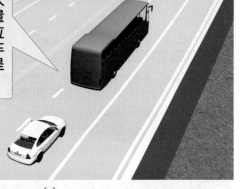

在坡道上停在大型车辆后面时，为防止大型车辆溜车，应尽量停到容易躲避的位置，要保持足够的车距，紧挨前车停车是很不明智的做法

(g)

大型货车、农用车上所载的货物有时候会掉落，有些客车里的乘客还可能向窗外扔东西，跟车、超车时要注意这些车辆的情况，防止被击中

(h)

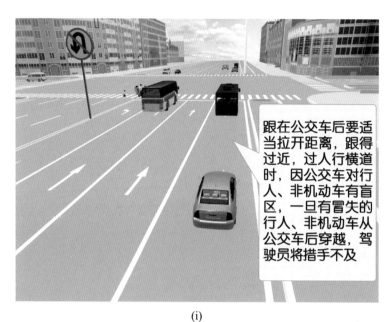

(i)

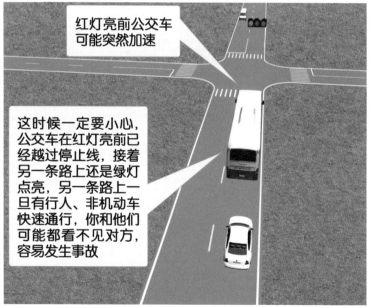

(j)

图 5-12

出租车驾驶人经常"见缝插针"，为了拉客可能突然转向、刹车甚至掉头，前方有出租车时，如果看到道路两侧有人拦车，请把脚移到刹车踏板上，让车辆靠惯性行驶，做好刹车准备

(k)

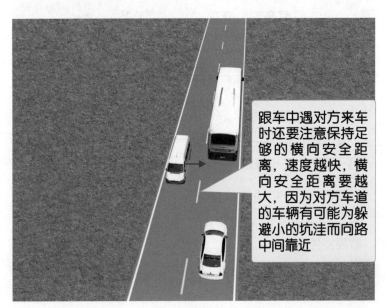

跟车中遇对方来车时还要注意保持足够的横向安全距离，速度越快，横向安全距离要越大，因为对方车道的车辆有可能为躲避小的坑洼而向路中间靠近

(l)

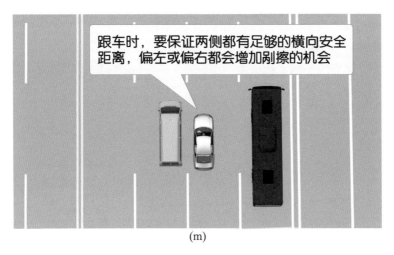

(m)

图 5-12　跟车事故预防方法

5.7 │ 会车事故与预防

会车可能发生的事故：正面碰撞，剐到右面的行人、非机动车、摩托车，因大车遮挡碰撞其他交通参与者等。

预防方法：如图 5-13 所示。

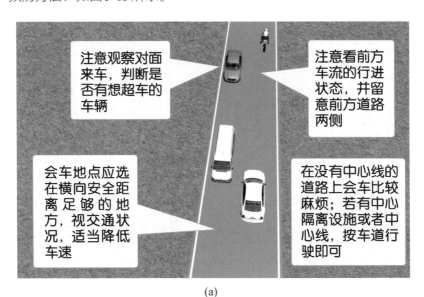

(a)

图 5-13

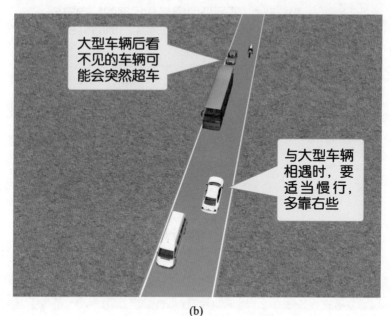

(b)

大型车辆后可能会有人突然横过马路，所以会车时要减速，把脚移到刹车踏板上，让车辆靠惯性行驶，很有必要，过了大型车辆形成的盲区，确认安全后再加速通过。与大型车辆会车时减速的另一个原因是强烈的气流会让车辆摆动，调整方向时与正常情况下有些差异，车速慢点容易适应这个微小变化

(c)

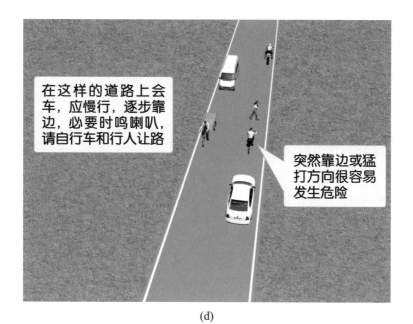

(d)

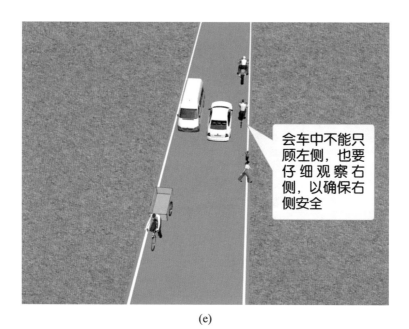

(e)

图 5-13　会车事故预防方法

5.8 | 超车事故与预防

超车可能发生的事故：正面碰撞，剐、撞左面的行人、非机动车、摩托车，返回原车道时剐、撞被超车辆，剐、撞因大车遮挡的其他交通参与者，让超时剐、撞右面的行人、非机动车、摩托车等。

预防方法如下。

超车条件：应在道路宽阔、视线良好，左方车道150米以上没有来车，被超车辆车速不快，行驶正常的情况下进行。据专家测试，超车时与对面来车的安全距离近似取为：超车时车速值的6倍以上，如超车车速为50千米/时，与对面来车的安全距离取为300米以上。

雨雾或大风天气，视线不清，拖拉损坏的车辆时，不要超车。强行超越或超车方法不当，会发生事故。

超车过程如图5-14所示。

(a)

(b)

(c)

图 5-14

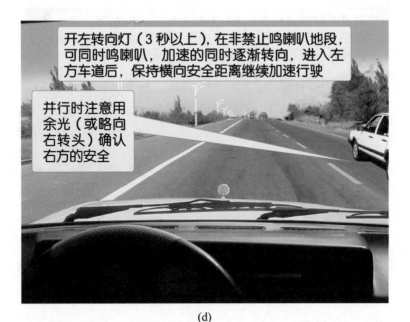

开左转向灯（3 秒以上），在非禁止鸣喇叭地段，可同时鸣喇叭，加速的同时逐渐转向，进入左方车道后，保持横向安全距离继续加速行驶

并行时注意用余光（或略向右转头）确认右方的安全

(d)

超越后开右转向灯（3 秒以上），在右后视镜里看到被超车的全部之后，通过右后视镜确认后方纵向安全距离（可以根据车速近似取值）足够之后，慢慢转向回到右方车道

(e)

(f)

图 5-14 超车事故预防方法

避开前方障碍物时可参照超车的方法操作。

为了防止发生事故，超车时要注意如图5-15所示的问题。

(a)

(b)

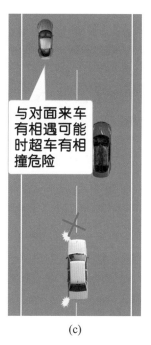

(c)

图 5-15

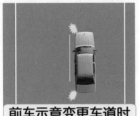

前车示意变更车道时不要超车，如果你的车在前车后视镜的盲区里，他不一定能看到你，危险

前车示意左转或掉头时不要超车

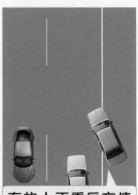

有的人不看后方情况，不开转向灯就突然起步驶入车道，或开车门，超越停驶的车辆前也要细心观察，保持足够的横向安全距离

(d)　　　　　　　(e)　　　　　　　(f)

图 5-15　超车注意事项

让超车注意事项如图 5-16 所示。

②通过眼、右后视镜确认前方和右侧安全后，减速靠右行驶，让后车超越（也可开右转向灯示意）

①通过内、左后视镜看到后车发出超车信号

后车超越后，本车驾驶员注意看左、内后视镜，如有连续超越的车辆继续让超

如无，再驶入正常路线

(a)　　　　　　　(b)　　　　　　　(c)

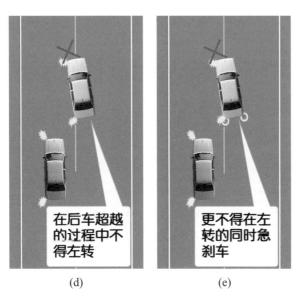

(d)　　　　　　　　　(e)

图 5-16　让超车注意事项

5.9 │ 变道（并线）事故与预防

变道可能发生的事故：与逆向行驶的违法车辆正面碰撞，剐、撞左面或右面的机动车、行人、非机动车、摩托车，后车追尾等。

预防方法：如图 5-17 所示。

(a)

图 5-17

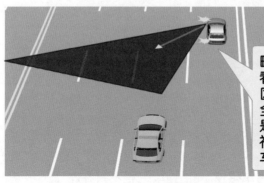

略向左转头直接看左后视镜的盲区，确认是否安全。很多事故都是因为没有看后视镜盲区就变更车道造成的

(b)

确认安全后，缓慢地向左转向，并入左侧车道，关闭左转向灯

(c)

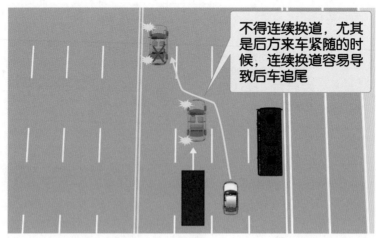

不得连续换道，尤其是后方来车紧随的时候，连续换道容易导致后车追尾

(d)

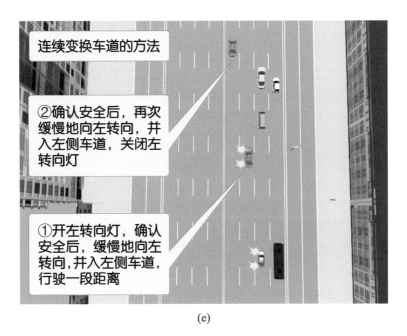

(e)

图 5-17　变道（并线）事故预防方法

5.10 │ 出入停车位时的事故预防

车位周围空间狭窄，出入停车位时靠怠速配合刹车控制车辆蠕动行驶是预防事故的关键。

出入停车位时控制车辆蠕动行驶的方法如下。

手动挡：挂一挡或倒挡，脚放在刹车踏板上，松手刹，半联动起步，通过半联动配合适度轻踩刹车踏板的方法，控制车辆蠕动行驶。

自动挡：挂D挡或R挡，松手刹，脚放在刹车踏板上，让车辆靠怠速行驶，配合适度轻踩刹车踏板的方法，控制车辆蠕动行驶。

带自动驻车功能的自动挡：挂D挡或R挡，关闭自动驻车功能，松手刹，脚放在刹车踏板上，让车辆靠怠速起步，行驶，配合适度轻踩刹车踏板的方法，控制车辆蠕动行驶。不关闭自动驻车功能，加油门起步后会蹿动一下，很危险，一松油门又会自动刹住，所以控制车辆蠕动行驶时，要把自动驻车功能关闭，靠怠速行驶，用脚刹控制速度。

5.11 | 上短陡坡事故与预防

　　汽车装饰店的门前、举升机的平台等处，往往有高陡的短坡，油门小了上不去，油门大了车辆蹿动距离长，很容易造成事故。带自动驻车功能的自动挡汽车，关闭自动驻车功能，其他车辆不需要这步操作。挂前进挡（手动挡挂一挡）或倒挡，逐渐加大油门上坡，当靠短坡近的两个轮子开始上坡时，稳住油门，一旦靠短坡近的两个轮子上到坡顶时，立即踩刹车踏板，然后松点刹车踏板，通过刹车踏板控制车辆缓行。一旦离短坡远的两个轮子开始上坡时，逐渐加大油门上坡，一旦靠短坡远的两个轮子上到坡顶时，立即踩刹车踏板，然后松点刹车踏板，通过刹车踏板控制车辆缓行。一旦离短坡远的两个轮子上到坡顶时，立即踩刹车踏板，到位刹死，停车即可。

　　对于那些一二十米的短陡土坡、泥坡、沙坡，提前提高速度向上猛冲，冲上坡后只维持一点油门，冲到即将看不到坡顶时松开油门。冲坡前速度提高到能靠惯性上坡即可。油门大，坡上的坑洼会造成车辆侧滑，容易发生事故。维持一点油门的目的是不让发动机产生制动作用，油门开度让车轮的转速刚好匹配冲坡速度最佳，此时车轮和地面间基本没有作用力，相当于车辆靠惯性在光滑的冰坡上冲到坡顶。油门过小，发动机将产生制动作用，会把本来可以冲上去的速度抵消一部分，半途再加油会使车轮打滑，导致冲破失败。

5.12 | 下长缓坡事故与预防

　　下长缓坡不可通过踩刹车踏板的方法行驶，一旦刹车失灵，后果不堪设想。对于手动挡汽车，应挂低一级挡位行驶，如果速度还是自动加快，应再减一级挡位，重复这个动作，直到不自动提速为止。对于自动挡汽车，挂L挡行驶。对于手自一体的自动挡汽车，换成手动驾驶，逐级减挡，直到不自动提速为止。

第6章
恶劣气候条件与道路交通安全

扫一扫
看动画视频

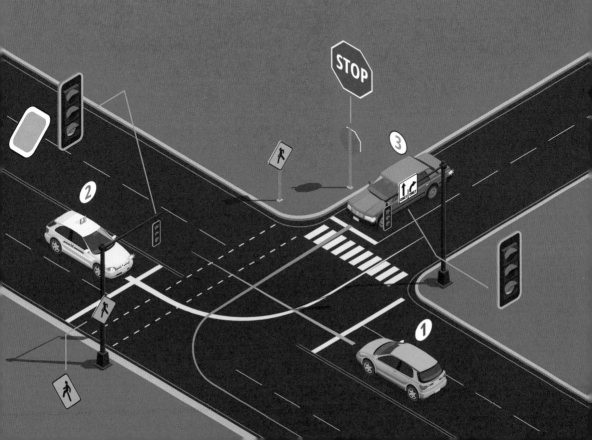

6.1 ｜ 雨天

雨天可能发生的事故：侧滑、翻车、碰撞等。

预防方法如下。

❶ 雨水使车辆制动性能降低，制动距离变长，易造成车辆偏向、移位、侧翻、惯性前移追尾。磨损过度的轮胎防滑能力降低，易导致车辆侧滑、侧翻、旋转或追尾事故。

雨天在积水路面上达到一定行驶速度时，路面和轮胎之间会形成水膜，摩擦力很小。这时候制动和转向几乎无用，车辆陷入难以控制的滑行状态。若车辆快速冲击较深的积水，会形成很高的"水浪"，遮挡视线，十分危险。所以在积水路面上必须适当降低速度行驶，必要时慢行。若车道上有积水，还可能导致车辆撞上护栏或中央隔离带。

❷ 大、暴雨时，车辆前后挡风玻璃都会有雾气产生，驾驶人的视线会受到影响，尤其是下暴雨时雨刷器不能有效地刮净挡风玻璃上的雨水（图6-1），令驾驶员眼前模糊不清，这时候应开空调除雾，冷热风均可，用冷风除雾效果更好些，不至于使车内温度过高，必要时可找安全地带停车。在穿越积水路段时，车轮冲击积水所产生的"水浪"不但影响驾驶员本身的正常驾驶，而且大型车辆通过积水路段时产生的"水浪"也可以让与它并行的小车视线完全受阻，影响到交通安全。所以雨天行驶中要多注意看后视镜，要远离大型车辆。如果遇到"水浪"遮挡视线，千万不要慌张，要稳住方向、平缓松油门减速，继续行驶。这时候可以通过用余光或略转头看侧面的护栏或中央隔离带的方法来判断车辆位置，纠正方向时动一点点方向盘即可。

图6-1　大雨天驾驶

如图6-2所示是一种安装在方向盘右侧的组合雨刮器开关操作示例。

MIST挡位：向前推一下工作一次

OFF是关闭位置。向上拉前雨刮器，喷水器工作一次停止

是间歇工作位置，每隔一段时间工作一次

LO 挡位：向后拉到这个挡位，进入连续慢速工作状态

HI 挡位：向后拉到这个挡位，进入连续快速工作状态

(a) 前雨刮器的操作

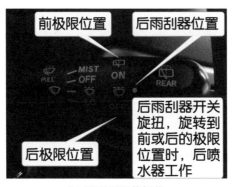

(b) 后雨刮器的操作

图 6-2　雨刮器开关操作示例

❸ 在恶劣条件下驾驶除了控制好车速外，要更加仔细观察交通流并由此预知下一时刻交通流的状态，从而从容不迫地进行下一步操作。

❹ 行驶前必须检查雨刮器是否能正常工作，雨刮器不能正常工作时，雨水覆盖在前挡风玻璃上将导致无法看清道路交通状况，很危险，应在修好之后再上路。

❺ 雨天路面湿滑，应比平常行车速慢，积水越深，速度要越慢，要平缓打方向、平缓使用制动，以发动机控制车速为主，要适时减挡，不要猛加猛松油门。雨天要适当增大跟车距离，暴雨时应停车。

❻ 雨天行人和非机动车驾驶者因使用雨具，视线受阻，雨水使驾驶人观察交通状况变得更加困难，为了躲避积水，行人可能突然窜到机动车道上，所以必须减速行驶，驾驶员要更加仔细地观察他们的动向。

❼ 连续阴雨天要注意观察路面，以防陷车、坍塌，不要在可能陷车、坍塌的地方行驶、停车。

❽ 刚下雨路面有薄积水时，高速行驶可以形成水膜，导致侧滑。发生侧滑时的处理方法：松油门，视侧滑减弱的程度，可适度配合轻点制动踏板。如果是前轮侧滑，应逆着侧滑的一侧纠正方向；如果是后轮侧滑，应顺着侧滑的一侧纠正方向；转向时动作要敏捷柔和，不可猛打猛回，以免造成更严重的后果。

❾ 因为雨天行车需要关闭车窗，内外温差使前挡风玻璃上很容易产生雾气，此时应打开空调冷风吹向前挡风玻璃；后挡风玻璃上出现雾气时，需打开后挡风玻璃加热器，尽快消除雾气。

6.2 | 雾天

雾天可能发生的事故：碰撞、追尾等。

（1）雾天发生交通事故的重要原因

❶ 能见度低，影响视线，易产生错觉，使驾驶员看到的车距比实际的大，所以遇突发情况时，反应不及时造成事故。

❷ 判断车速与实际车速误差大。据实验证明，在浓雾条件下，实际行车速度要比驾驶员判断的速度快几倍，易因采取措施不当而引发事故，所以多留意车速表很重要。

❸ 雾天行车，情况复杂，能见度差，行车速度慢，驾驶员容易因急于赶路而产生急躁情绪。此时应牢记安全第一，出了事故会更慢，而且是慢得出奇。

❹ 熟悉道路的驾驶员，认为跑熟路不会有事，从而疏忽大意，酿成事故。要记住事故往往就是因为微小的疏忽造成的，任何时候都不能大意。

❺ 浓雾天气，再遇路面湿滑，车轮易打滑，如遇突发情况，会因制动距离延长而增加事故发生的可能，所以慢行是必须的。

（2）预防方法

雾天应打开前雾灯、尾灯、示宽灯和近光灯。必须降低车速，能见度越低，车速应越低。在非禁止鸣喇叭路段，可适当鸣喇叭，并注意鸣短促喇叭回应其他车辆。视线不清时更要保持在自己的车道内行驶，不要变更车道，不能压线行驶，以免发生碰撞。能见度不足50米时同时开启后防雾灯。必须保持能够安全停车的车距，能见度在10米左右时，车速应控制在5千米/时左右；能见度在30米以下时，车速应控制在20千米/时左右；能见度大于50米时，车速应控制在40千米/时左右；能见度大于100米时，车速应控制在60千米/时左右；能见度大于200米时，车速应控制在80千米/时左右。注意：雾天不要以前车尾灯作为判断车距的依据，因为折射现象能使实际距离"变远"。特大雾时必须找安全的地方停车。雾灯开关的操作如图6-3所示。

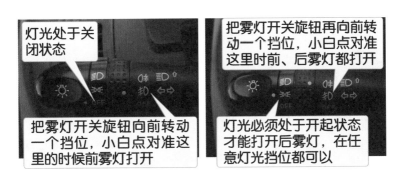

图6-3 雾灯开关的操作

总结一下雾天行车要领：打开雾灯，集中精力；多鸣喇叭，相互提醒；依次跟进，绝不超车；平稳制动，防止侧滑；增加车距，防止追尾；降低车速，稳定情绪；各行其道，谨慎会车；特大浓雾，路边停车。

6.3 | 挡风玻璃结冰与冰雪路

6.3.1 挡风玻璃结冰的预防与清除

北方初冬与开春挡风玻璃容易结冰，如果不能及时清除干净将严重影响安全驾驶。外后视镜上和正副驾驶席窗户上的冰、霜或雪也要刮掉，用小号薄金属刮板刮。

初冬与开春防止挡风玻璃结冰的方法：盖上一块单人床单或其他同等厚度和面积的布料。如图6-4所示。

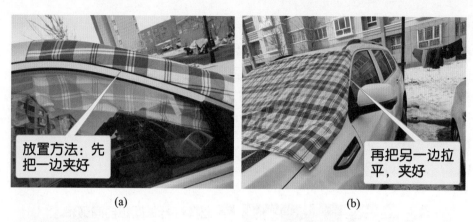

(a)   (b)

(c)

图 6-4　防止挡风玻璃结冰的方法

　　尽量不用毛毯，一旦结冰或遇厚雪将十分沉重。如果床单和挡风玻璃冻在一起，先发动车辆，开暖风，稍等即可揭掉。

　　清除挡风玻璃冰、霜的方法如图6-5所示。

这是薄金属刮板。万一忘记放置床单，第二天冻住了，还可以用薄金属刮板刮掉

(a)

注意不要刮被冻住的雨刷器胶条（把雨刮器竖起来也可以）。被冻住的雨刷器胶条，开一阵暖风就化开了

(b)

注意不要刮挡风玻璃四周的密封条

(c)

图 6-5　清除挡风玻璃冰、霜的方法

6.3.2 冰雪路驾驶基本要领

冰雪路可能发生的事故：侧滑、碰撞、追尾、打滑等。

预防方法：打开空调暖风，除霜、雾是必须的。

如图6-6所示，冰雪路驾驶需牢记以下四大要领。

(a)

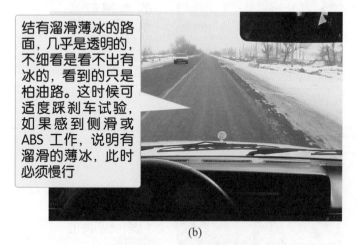

(b)

图 6-6　冰雪路驾驶基本要领

❶ 保持低速行驶，保证足够的纵向、横向安全距离。

❷ 匀速缓慢打方向。

❸ 匀速缓踩缓松油门。

❹ 匀速、轻踩、慢松制动踏板，即使有ABS的车辆，驾驶员也不要猛踩刹车踏板，尤其是转弯时。在压实的雪路上沿直线高速行驶时猛踩制动踏板，尽管不会发生大的侧滑，但是车辆仍会发生左右摆动现象。在溜滑的冰路上，ABS、防侧滑系统几乎没有什么作用，猛踩制动踏板照样会导致侧滑、驶出路面的现象。必须低速转弯，ABS、防侧滑系统应对不了溜滑的弯路。

注意事项如下。

❶ 在冰雪路上，要选择路面宽、积雪少的地段会车。尽量避免在狭窄路段会车，尽量不超车。

❷ 停车时，缓慢、轻踩制动踏板，防止甩尾、掉头。

❸ 加大跟车距离。跟车距离要比正常路面加大3倍以上，在坡道上要更长一些，对于短坡，应等前车爬过坡顶再爬坡，即使有ABS的车辆也应如此。

❹ 冰雪天还要特别注意：行人、非机动车驾驶者因穿戴的影响，对交通状况的判断力下降，行人、自行车还可能突然滑倒，因此更要仔细观察，保持足够的纵向、横向安全距离。

6.3.3　结冰的地下车库进出通道

结冰的地下车库进出通道事故预防方法如图6-7所示。

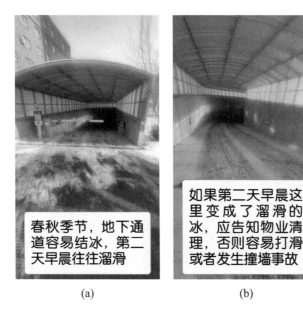

(a)　　　　　　　　　　　(b)

图6-7　结冰的地下车库进出通道事故预防方法

6.3.4 积雪、结冰的坡道与盘山路

如图6-8所示，刚下厚积雪的盘山路，很容易造成底盘被雪拖住的现象，一旦遇到雪崩则后果不堪设想，所以提前查阅、收听天气预报很重要。

底盘高的车通过厚积雪都比较困难，底盘低的车，无法通过刚下的厚积雪，遇到厚积雪千万别上路

(a)

对于有积雪的数十米的短坡道提前加速冲上去即可。对于压实的雪板坡道也是如此，如果慢慢行驶只能是打滑，四驱车也一样。对于长坡道，则不要上去，等扫雪车扫完再上去

(b)

图 6-8 积雪的道路事故预防

路面结冰的天气最好不要开车上盘山路，非去不可的时候给四个轮胎装上防滑链（两驱车也装四个），而且必须慢行，谨慎驾驶。如图6-9所示。

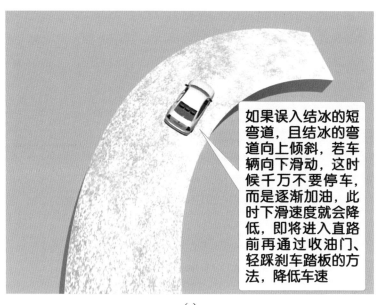

如果误入结冰的短弯道，且结冰的弯道向上倾斜，若车辆向下滑动，这时候千万不要停车，而是逐渐加油，此时下滑速度就会降低，即将进入直路前再通过收油门、轻踩刹车踏板的方法，降低车速

(a)

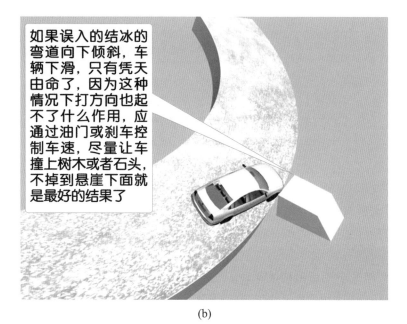

如果误入的结冰的弯道向下倾斜，车辆下滑，只有凭天由命了，因为这种情况下打方向也起不了什么作用，应通过油门或刹车控制车速，尽量让车撞上树木或者石头，不掉到悬崖下面就是最好的结果了

(b)

图 6-9　路面结冰的盘山路事故预防

6.3.5 积雪、结冰的立交桥

对于刚下过厚积雪的立交桥，底盘低的车则不要往上开，十有八九底盘会被雪托住，等扫雪车扫过再上去。

春秋季，寒冷地区的立交桥很容易结薄冰。由于冰薄，几乎看不出是结冰了，很多人以为是正常的路面。如果出门走路滑，说明出现了这种情况，此时尽量不要上立交桥，如果必须上则装上防滑链。

6.4 | 大风天

大风天可能发生的事故：飞石击碎车窗、翻车、掉沟、沙尘暴时的碰撞等。

预防方法：特大风天应找安全的地方停车躲避。

面对一般大风时的驾驶方法：大风会使车辆行驶方向难以控制，甚至将车辆吹离正常行驶路线或吹翻，大风吹起的硬物还可能击碎车窗。因此除慢速行驶外，还应紧握方向盘，控制好行驶方向。

6.5 | 泥泞道路

泥泞道路可能发生的事故：侧滑、打滑、翻车、掉沟、陷车、碰撞等。

用泥土筑成的简易公路一般比较松软，如果地势较低而地下水水位较高，容易出现翻浆，下雨以后则路面泥泞。即使是坚实的路面，如覆有一层湿土，也会变得泥泞。经历冰冻之后，路面情况会变得更为糟糕。

泥泞与翻浆路段阻力大，车轮容易打滑空转或侧滑。

泥泞与翻浆路段驾驶、事故预防与自救方法如下。

❶ 有前轮驱动装置的车辆，在进入泥泞、翻浆路段时，应使用前轮驱动，增加其克服前进阻力的能力。在通过后，将前轮驱动功能及时退出。

❷ 有差速器锁止机构的车辆，在一个车轮打滑空转时，可使用差速器暂时锁止，以使车辆前进。行驶恢复正常时，应立即解除差速器的锁止。

❸ 经常行驶于泥泞、翻浆路的车辆，可换装越野花纹的轮胎。

❹ 可在驱动轮上装防滑链。

注意：防滑链只能在泥泞和其他溜滑地段（如冰雪道路）行驶时使用，通过后应立即拆除，不可在硬实路面上使用，以免损伤轮胎及链条。防滑链不可装得过紧或过松，防止轮胎受损或链条不起防滑作用。使用后须洗净防滑链，并涂上油脂保存，以免锈蚀损坏。

❺ 在泥泞路上行车，应选择比较平整或泥泞较浅的路面行驶。有拱度的路面，尽可能骑路中间行驶，保持左右轮高低一致。路面如已形成车辙，可循车辙前进。对于积水路，不易看清水下情况，容易造成陷车，应当注意。发现路面有土堆或坑洼时，应细心判断，提防车辆底盘碰撞土堆或车轮陷入坑内，必要时应铲低土堆或填平坑洼。若要避绕行进，也须观察所选路线的通过条件，确认安全后可靠方可通行。

❻ 要匀速行驶。匀速行驶，附着力比较稳定，能减少打滑。先正确估计前方道路的泥泞程度和行驶阻力，及早换入所需低挡位，以保持足够的动力顺利通过。中途要尽量避免换挡，如必须换挡，要做到动作敏捷、平稳，高速挡换低速挡时应适当提前。

❼ 尽量避免停车，因为起步比较困难。起步时应稳住油门踏板，缓缓抬起离合器踏板，目的是避免驱动力超过附着力，使驱动轮打滑空转。有时可选择高一级挡位起步。

❽ 车速不宜过快。车轮快速转动，附着系数便急剧下降，会发生侧滑，将导致措手不及，难以控制。

❾ 要平缓地打方向。行进中应尽可能保持直线行驶，需要靠边时，应先在路中减速，或换入低挡，渐渐地驶向路边。转弯时必须提前减速，平缓地调整方向，不可猛转方向盘以免引起严重的侧滑而发生事故。

❿ 尽量避免使用行车制动器。泥泞路上的减速，无论是平路、下坡、直线或弯道，都应以利用发动机的牵引阻力作用为主，必要时辅以间歇性的驻车制动，要尽量避免使用行车制动器。因为在附着系数低的路面上使用行车制动器，制动力很容易超过附着力，车轮会被迅速"抱死"而发生侧滑。装备ABS的车辆可以直接使用行车制动器，但也不可掉以轻心。

⓫ 发生侧滑的处理：前轮侧滑时，因瞬时回转引起的离心力和侧滑方向正好相反，所以车辆有自行停止侧滑的作用；而当后轮侧滑时，应立即松抬油门踏板，向后轮侧滑的一方转动方向盘，使后轮摆回路中。当车辆恢复正直时，即可回正方向继续行进。方向盘不要转错方向，如果错把前轮转到同后轮侧滑方向相反的一边，不但不能纠正侧滑，反而会使后轮侧滑加剧，甚至出现车辆大回转的险情。

⑫ 驱动轮打滑空转的自救措施：行驶中，如遇驱动轮打滑空转，可将车辆向后退，然后利用冲力或改变车轮滚压的位置，便有可能通过。如果上述方法无效，可采取如下方法：在驱动轮上缠绕绳索；除去坚固路面上的浮泥和驱动轮胎面上的泥土；在打滑路面上铺一层碎石、沙子或树枝、柴草等。

⑬ 陷车自救措施：陷车后，不可采取硬进猛退的方法，以免损坏传动机件。驱动轮高速空转，会使胎面急剧磨损，而且会越陷越深。正确的做法是：如果车轮陷入坑内，可将陷坑铲成斜面，选择前轮阻力最小的位置，用一挡或倒挡驶出，或组织人力协助推出。如前桥已触及地面，可用硬木杠插入车轴下方，用垫木或石块作支点使车轮升起，或用千斤顶将车顶起。使用千斤顶的时候一定要将其支好，最好垫上厚大的木块，避免滑倒。然后用木板或石块、砖填入车轮下，并将车轴下面及其前方阻拦前进的泥土及其他障碍物适当清除，再使车轮着地。要注意清理时车辆可能移动，须在清理前把变速器杆挂入一挡或倒挡，拉紧手刹，以确保安全。清理时千万不能把身体的任何部位放到车下，车辆一旦下落，后果不堪设想。

陷车时的木杠与木桩自救法如图6-10所示。

(a)

(b)

图 6-10 陷车时的木杠与木桩自救法

利用木桩和绳索驶出陷车。

⓮ 用上述方法仍无法自救时，可请求拖车救援。

6.6 沙石、戈壁路

沙石、戈壁路如图6-11所示。

(a)

(b)

图 6-11 沙石、戈壁路

可能发生的事故：其他车辆压起的飞石击碎车窗、损坏漆面，翻车，卡住底盘，侧滑、打滑，掉沟，陷车，尖锐石头刺破轮胎等。

预防方法：避免超车。会车时要拉大横向距离。不要驶入松软的沙石、戈壁地段、有大坑的边缘处，以免压垮翻车。松软的沙石、戈壁地段容易打滑、卡住底盘，打滑将严重磨损轮胎。看到尖锐片石时一定要绕开，以免刺破轮胎。实在绕不开时不要刹车，尤其是下坡的时候，刹车时的阻力由尖锐石片提供，相当于用钝刀子刺轮胎，轮胎十有八九要被刺破。正确的做法是：保持原来的速度压过去，也许不会刺破轮胎。

沙土路驾驶与自救方法：通过沙土路地段前，应先停车仔细观察道路情况，探明进出行驶路线，如果沙层不超过轮胎的横断面，且距离较短，可用较快的车速通过。如果沙层较深，面积较大，距离较长，应提前换入适当的挡位，车速不宜太快，稳住油门踏板通过。中途尽量不要换挡，更不可随意停车。如有车辙，可循车辙行驶。

在干燥而且沙层较深的沙路上行驶时，应尽量直行，不可急剧转向或停车，以防一侧车轮下陷。

如果在通过沙土路的过程中被迫停车后起步，可用比正常起步挡高一挡位起步，松抬离合器踏板时可稍快点，使车身突然前冲一下，离开原来的沙窝而进入正常行驶。一旦起不了步，不可反复起步，以免加重车轮下陷。此时应铲除车轮周围的积沙，或设法撬起驱动轮，并在车轮下铺垫木板、树枝等物，再用低速挡缓慢起步驶出。

通过积沙很厚的沙土路段，行驶困难，极易陷车，应果断采取措施，先铺垫木板、树枝或石块，然后通过。

此外，还应注意如图6-12所示的情况。

对于沙土路，不可过于靠边行驶，以免陷住、压垮，卡住底盘

图6-12　沙土路行车注意事项

第7章
遇险时的应急措施和
事故后的现场处置

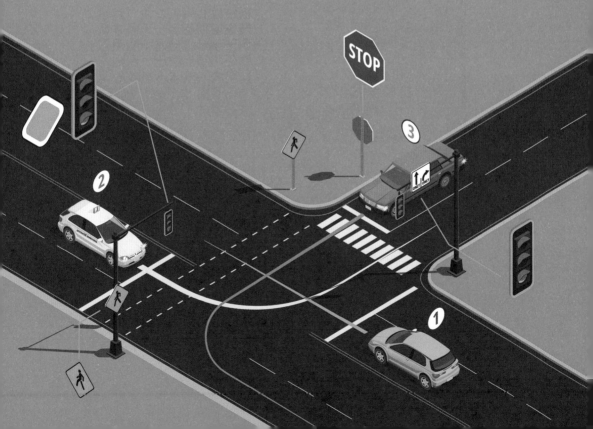

7.1 | 不可预见的险情

7.1.1 轮胎漏气

轮胎漏气的表现：方向盘变重，随着车速的加快，直行时控制方向变得困难，甚至偏向一边，说明前轮漏气；后轮漏气只能觉察到车尾有左右飘动的感觉。发现轮胎漏气后，不必惊慌，收油、轻踩制动踏板减速，减挡，不可采取紧急制动措施，将车辆靠边停车。

轮胎如果发生了漏气，尤其是前轮漏气，车辆会向漏气的一侧偏移，方向盘向这个方向有一股偏转力，此时控制好方向靠边停车，打开双闪。如果在高速公路上，在后方150米以外放置警告标志；若在普通公路上，在车后50～100米处放置警告标志。如果轮胎被钉子扎穿，千万不可把钉子拔掉，否则轮胎的气会迅速漏光。正确的做法是先打足气，然后把车开到最近的轮胎店补胎。如果钉子上有残留木板也不要拔钉，打好气继续往前开，木板残渣会自动脱落。如果漏气严重则直接更换轮胎。轮胎漏气应急处置如图7-1所示。

图7-1 轮胎漏气应急处置

7.1.2 爆胎

爆胎时的应急措施：发现爆胎时，应保持镇定，双手紧握方向盘，松抬加速踏板，极力控制车辆保持沿路面行驶（如果情况允许可轻踩制动踏板），来得急挂低挡就抢挂低挡，来不及就控制好方向，让车靠边，将车平稳地驶入路肩或应急停车带，慢慢制动停车。爆胎时若立即紧急制动会导致翻车。

7.1.3 全车灯光熄灭

全车灯光熄灭时，如果后方有其他车辆则比较好办，可利用后方车辆的灯光靠边停车。

车辆行驶过程中，如果是直路段，周围也没有其他车辆照明，应稳住方向盘保持原来的行驶方向，刹车减速，快停的时候再慢慢靠向路边，切记不可急刹车，以免用力过猛导致方向跑偏。如果是在高速公路上，在后方150米之外放置警告标志；若在普通公路上，在车后50 ~ 100米处放置警告标志；如果不懂电路，可报警求助。

如果是在弯道上，可以凭着记忆，收油门，轻踩刹车踏板，控制好方向盘，继续沿弯道行驶，过一两秒钟就能看见路面了，进入直路之后，再慢慢靠边停车。

7.2 | 遇险时的应急措施

（1）不可预见的险情

大地震、冰雹、下雨时山洪突然暴发、雪崩、抢劫等都是不可预料的险情。

（2）遇险时的应急措施

❶ 应对大地震：如果是在郊外，停车后下车，找安全的地方等待地震结束即可。如果是在市内，尽量把车开到没有楼房或低层楼房的地方，防止被落物击中。如果无法行进，应立即下车，躲到坚固的墙角处，如果离高空落物落不到的空旷地带比较近，如公园、广场，可以跑向那里。如果在停车场附近，又来不及跑到安全的地方，趴在两车之间也可以减少受到伤害的程度。不可往围墙、电线杆、桥下等不安全的地方跑。地震时不要进入长桥、堤坝、隧道，如果已经进入则要尽快离开。如果车辆正在山路上行驶，有发生山崩、断崖落石的危险，应迅速靠边停车找安全的地方躲避。地震结束后有些地方会出现裂纹或鼓包、落物、倒塌物等，余震还有可能引起倒塌，因此要慢速谨慎驾驶，确认安全再通过。如果在海岸边，则有遭遇海啸的危险，应尽快远离海岸。

❷ 应对冰雹：不管冰雹颗粒的大小，都应尽快把车开到树下、建筑物等的下面，来不及就原地停车等待冰雹下完。如果加速行驶，可能会砸碎挡风玻璃，这时候停车是最安全的方法。

❸ 应对下雨时山洪突然暴发：往高处的道路开，实在来不及或车辆无法驶向高处就弃车，徒步跑向高处。

❹ 应对雪崩：立即停车，打电话报警，不可继续前行，逃向安全的地方，不可靠自己的力量营救不幸者，因为你不能确定雪崩是否还会继续发生。

❺ 应对抢劫：答应抢劫者的所有条件，只要活着就有机会报警。

7.3 | 事故后的现场处置

拍照、保护现场、通知保险公司，不可预料的事故，只要投保了，保险公司是必须赔偿的。

注意：属于车辆损失险的责任免除条款范围内的损失，保险公司是不给赔偿的。

基本险第三条规定如下，保险车辆的下列损失，保险人不负责赔偿：❶ 自然磨损、朽蚀、故障、轮胎爆裂；❷ 地震、人工直接供油、自燃、高温烘烤造成的损失；❸ 受本车所载货物撞击的损失；❹ 两轮及轻便摩托车停放期间翻倒的损失；❺ 遭受保险责任范围内的损失后，未经必要修理继续使用，致使损失扩大部分。

本条规定了车辆损失险的责任免除。保险车辆发生了本条列举的损失，保险人不负责赔偿。

❶ 自然磨损：指车辆由于使用造成的机件损耗。

❷ 朽蚀：指机件与有害气体、液体相接触，被腐蚀损坏。

❸ 故障：由于车辆某个部件或系统性能发生问题，影响车辆的正常工作。

❹ 轮胎爆裂：指轮胎磨损过度、质量上的欠缺或充气过量，引起的突然破裂。车辆长期不间歇行驶，或者路况不好，或者气候炎热且充气过足，或者超载使轮胎负荷过重，或者频繁使用紧急制动等，都会使轮胎加速磨损，出现爆裂。

自然磨损或朽蚀所致保险车辆机件老化、变形等损失属正常性的损失，不是保险事故造成的，保险人不负赔偿责任。故障、轮胎爆裂，一是机件或轮胎本身欠缺，属于质量问题；二是使用过度，属于疏忽维护保养所致，都不是由保险事故造成的，保险人也不负赔偿责任。但由于自然磨损、朽蚀、故障、轮胎爆裂而引起的保险事故（如碰撞、倾覆等），造成保险车辆其他部位的损失，保险人应予以赔偿。

❺ 地震：地球内部的变动引起地壳的震动。无论地震使保险车辆直接受损，还是地震造成外界物体倒塌所致保险车辆的损失，保险人都不负责赔偿。

❻ 人工直接供油：不经过车辆正常供油系统的供油。

❼ 自燃：本条款所称的自燃，并不是指物理学所定义的自燃，而是保险车辆因本车电器、线路、供油系统、货物自身等发生问题以及不明原因产生起火，造成保险车辆的损失。

❽ 高温烘烤：无论是否使用明火，凡违反车辆安全操作规则，因加热、烘烤升温，导致保险车辆的损失。

❾ 受本车所载货物撞击的损失：保险车辆行驶时，车上货物与本车相互撞击，造成本车的损失。

❿ 两轮及轻便摩托车停放期间翻倒的损失：两轮摩托车或轻便摩托车停放期间由于翻倒造成的车损。

⓫ 遭受保险责任范围内的损失后，未经必要修理继续使用，致使损失扩大部分；保险车辆因发生保险事故遭受损失后，由于被保险人的原因没有及时进行必要的修理，在车辆未达到正常使用标准时继续使用，造成车辆损失扩大的部分。

第8章
城乡道路交通事故与预防

扫一扫
看动画视频

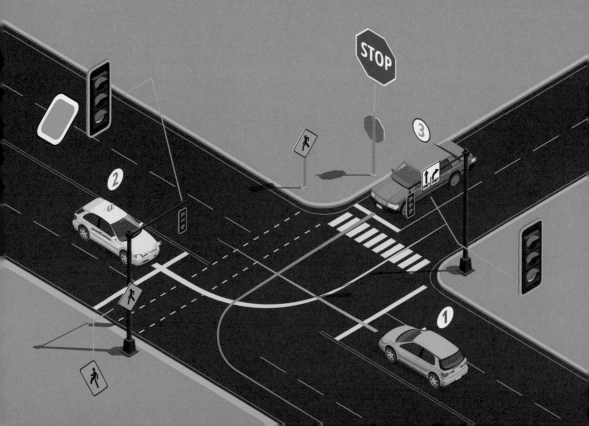

8.1 | 城市道路

8.1.1 城市行人的交通现状

城市道路行人过街现状：人车抢道而行。在无信号灯控制的人行横道处或管理不严的由信号灯控制的人行横道处，极易发生见缝插针的人车抢道而行的现象。道路交通安全法有关人行横道处的通行权的规定通常很少有人遵守，究其原因一是驾驶员或行人没有养成遵守交规的习惯，二是有些地段的车流量和人流量都很大，缺少过街立交设施，过街行人连续不断，如果都予以礼让，车辆几乎无法通行。

缺乏有效监管：有些由信号灯控制的人行横道处缺乏有效监管，如果一个行人闯红灯没人来管，由于行人的从众心理，就会有更多的人闯红灯，长此以往形成习惯，行人信号灯自然成了摆设。

信号设置不合理：现在很多城市道路平面交叉路口的控制信号灯的设计多倾向于满足机动车辆的通行，没有充分考虑行人的通行特点，行人的通行时间得不到保证，未能在时间上把人流和车流有效地分离开。

立体过街存在的问题：规划赶不上变化，供需不平衡。存在天桥或地下通道规划赶不上变化的情况，规划设计不合理，过街立交设施的选址不合理，造成行人过街绕行的距离太长，行人就会选择平面过街方式，甚至翻栏杆、穿越隔离带。如果过街立交设施设在便于行人通过的地点，且封闭或半封闭，冬暖夏凉，遮风避雨，行人自然就会选择走天桥或地下通道了。

占道摆摊现象严重，存在外来流动人员以地下通道为"家"的现象。

8.1.2 城市行人的交通心理

大部分行人交通安全意识强，遵守交通法规的自觉性强，但道路现实和忙碌的工作导致他们违反交通法规。农村来的流动人口也很多，这些人往往交通安全意识不强，缺乏遵守交通安全法规的自觉性，只要能过路就行，不知道什么是违法。

8.1.3 城市非机动车驾驶人的交通心理

非机动车驾驶人的心理特点：一人违法其后一群人盲从，或认为不是机动车处罚不了，或认为法不责众，男女老少都这样想；这些人没有怕的感觉，以为机动车是不会撞行人和非机动车的，那些被撞上的都是意外，可能性很小，自己一辈子也碰不上；一些行人、非机动车驾驶人随意进入机动车道，突然猛拐，他们以为驾驶员任何时候都能注意到、看到他们，认为随意行驶也很安全。

8.1.4 应对城市行人与非机动车驾驶者的安全措施

应对城市行人与非机动车驾驶者的安全措施如图8-1所示。

经过停站的公交车：要减速慢行，脚放在刹车踏板上，不踩下，让车辆靠惯性行驶，防止盲区中突然出现行人。时刻做好停车准备，发现紧急情况也不会误踩油门踏板

(a)

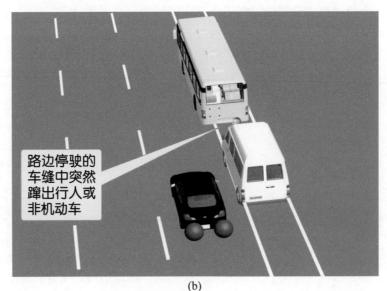

路边停驶的车缝中突然蹿出行人或非机动车

(b)

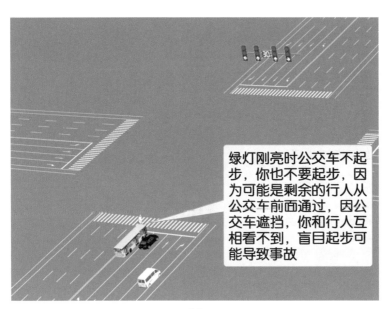

(c)

(d)

图 8-1

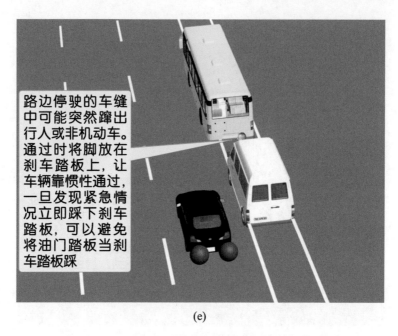

路边停驶的车缝中可能突然蹿出行人或非机动车。通过时将脚放在刹车踏板上，让车辆靠惯性通过，一旦发现紧急情况立即踩下刹车踏板，可以避免将油门踏板当刹车踏板踩

(e)

图 8-1　应对城市行人与非机动车驾驶人的安全措施

不管行人与非机动车怎样违法，一定要牢记忍让为上，我们的速度比他们快得多，等几分钟，还是比他们快得多，耽误不了什么。他们依靠自己的体力运动，比我们累，要体谅他们的违法行为，不能得理不饶人。退一万步，就算上班迟到一次被扣工资，或者损失一笔大生意，也比发生事故强，发生事故浪费的时间比等几分钟要长多了，可能还有经济损失。

8.2 | 乡村道路

8.2.1 乡村交通安全的现状

无证驾驶、无牌无证机动车上路行驶、不参加年检、不参加强制保险、违法载客、人货混装、客运车辆严重超员、搭乘违法车辆等违法行为突出，存在众多的安全隐患。

农村机动车数量的猛增，进一步加大了道路通行条件的改善与机动车增长不成比例的矛盾。乡村道路上行驶的车辆复杂，机动车与非机动车、行人混合通行。机动车车况普遍较差，其中农用三、四轮车，拖拉机，两、三轮摩托车，结构简单、安全性能较差，再加上长期行驶在乡镇道路上，车状况差。有一部分机动车达到了报废标准还继续上路行驶，车主连续几年、十几年不上户、不审验的情况很多。只要能开得动，即使车轮"跳摇摆舞"，照开不误，绝对不修，更谈不上车辆的定期保养和维修了。

乡村道路等级标准较低，路面宽度都在6米以下，有的还不足4米，急弯、陡坡较多，碎石路、土路、条石路也比较多，路面较烂，坑洼不平，给交通安全带来了许多隐患。

没有专门的资金和护路、修路人员。由于警力不足，道路交通安全管理重点放在县、省、国道上，乡镇政府部门没有管理执法权，乡村道路长期处于管理不到位的无序状态。

乡村道路交通条件较差、等级低，大多没有设置安全标志和安全防护设施，特别是在山区的道路没有挡土墙，没有防护桩，没有安全标示牌。乡村道路运输的大多数是农用物资和农副产品，而且多数是分散、零星的货物，农民进城卖菜、购物往往人货混装，严重超员。两轮摩托车骑上三四人屡见不鲜，三轮摩托车装上八九个人也不在话下。

8.2.2　乡村交通安全的心理分析

乡村道路的驾驶人、乘车人和行人大多数文化水平低，交通安全意识不强，缺乏遵守交通安全法规的自觉性，只顾走，不顾安全。他们礼让的时候经常不考虑交通法规，而是以让过去为准。

8.2.3　乡村交通安全的应对策略

进入乡村道路时必须慢行，遇来车要随时做好停车准备。通过院落大门、胡同时，脚放在刹车踏板上，让车辆靠惯性和怠速行驶，突然冲出摩托车的时候，可以从容应对。遇到小孩骑童车时，必须缓行，必要时停车。停车最好选在比较宽敞的地方、院落里，不要在路边停车，以防被农用车、畜力车撞击、剐擦。让车的时候一定要注意他们的动向，要按他们的动向灵活地让，以安全避让为原则。如图8-2所示。

农村道路旁边常常会挖沟、挖坑，浇水或雨后路基会被压垮，遇到这种情况不可过于靠边，应绕过或借道通行。

夜晚乡村道路的路边常常有人力三轮车、自行车、行人、乘凉人、无灯光电动车等，不容易看清楚，所以车辆尽量离路边远点，如果不会车可以居中行驶，必须慢行。

图 8-2　乡村交通安全应对策略（一）

注意观察，防止自行车、电瓶车、摩托车、宠物、牲畜等突然蹿出胡同、林间小道，脚放在刹车踏板上，让车辆靠惯性和怠速行驶

夜间必须慢行，提前仔细观察远处道路两边灯光照射的茂密树林，如果发现远处树林间有流动的明暗变化（像树叶被风刮了一样发生明暗变化），说明有人或者牲畜、宠物等从林间蹿出，有可能要横穿马路，此时必须立即刹车。如果不刹车，由于明暗反差过大（对向有车辆时更严重），不仔细看往往无法看出横穿马路的人，很容易发生严重交通事故。

图 8-3 是笔者在乡村道路行驶时行车记录仪拍摄的视频截图。视频中有两个摘葡萄的打工者从左侧树林带蹿出奔跑过马路，图中记录了此二人奔跑过马路的全过程。

由于明暗反差过大，行车记录仪无法拍摄清楚圈中区域（这是树林）。当时笔者看到林间有从左向右成片"树叶"流动的现象，这其实是汽车灯光透过树间空隙，照射到行人产生的假象

(a)

(b)

(c)

(d)

图 8-3

图 8-3　行车记录仪拍摄的乡村道路夜间行驶视频截图

有时会遇到装有长物件的人力车，安全应对策略如图 8-4 所示。

牲畜或畜力车速度慢、难以控制，尤其是外出少的牲畜听到异响容易受惊乱跑。因此遇到牲畜或畜力车时，应在 50 米左右鸣喇叭，以便告诉赶、骑牲畜的人及早稳住牲畜，做好必要的准备，避免汽车临近时牲畜乱跑。特别是山区、乡村的牲畜，往往害怕汽车，若发现牲畜两耳直立、走步犹豫，应马上降低车速，脚放在刹车踏板上，做好停车准备，千万不要在临近牲畜时鸣喇叭催促。在转弯或超越牲畜或畜力车时，要给牲畜或畜力车留有足够的路面，必须缓慢行驶，防止因牲畜或畜力车乱动或停不住而发生事故。羊群往往会挤在路上，无论如何轰油，鸣喇叭，无论主人如何驱赶，它们都不会让路，这时候，只能等。如果不怕车被弄脏可以蠕行，挤着羊迫使其让路。

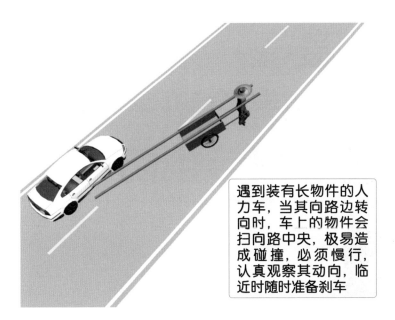

遇到装有长物件的人力车，当其向路边转向时，车上的物件会扫向路中央，极易造成碰撞，必须慢行，认真观察其动向，临近时随时准备刹车

图 8-4　乡村交通安全应对策略（二）

通过集市时，自动挡车用刹车控制车速，手动挡车配合半联动，让车辆靠怠速行进。

第9章
城市快速路和高速公路事故与预防

扫一扫
看动画视频

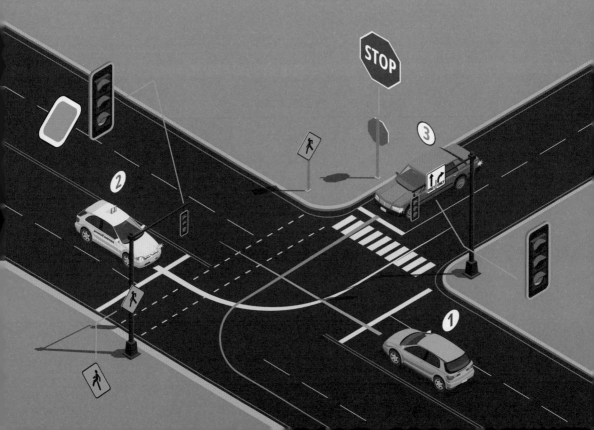

9.1 │ 匝道

进匝道前提前开右转向灯3秒以上，并入行车道前提前开左转向灯3秒以上，不得停车，超车。

9.1.1 常见的立交桥及匝道通行方法

常见的立交桥及匝道通行方法如图9-1所示。

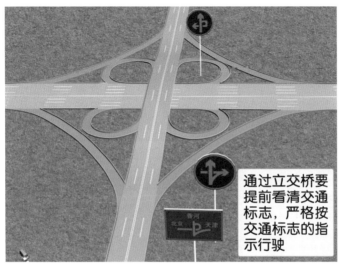

(a)

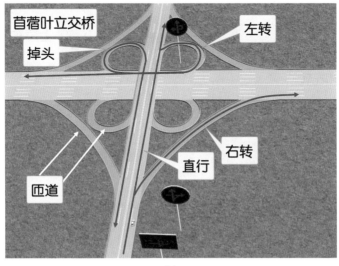

(b)

图 9-1

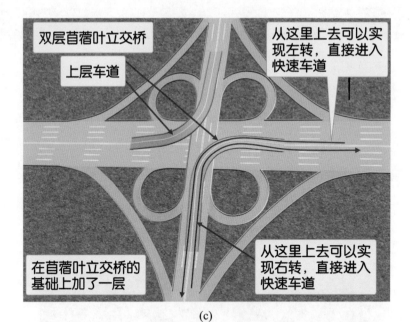

图 9-1 常见的立交桥及匝道通行方法

（1）一般匝道行驶

进出立交桥或高速公路需要通过匝道来完成，为了安全，进出匝道前要开转向灯3秒以上。

右转弯由匝道进入主路的方法如图9-2所示。

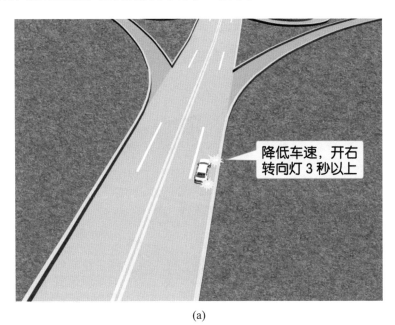

(a)

(b)

图 9-2

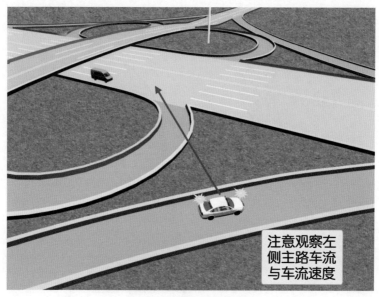

注意观察左侧主路车流与车流速度

(c)

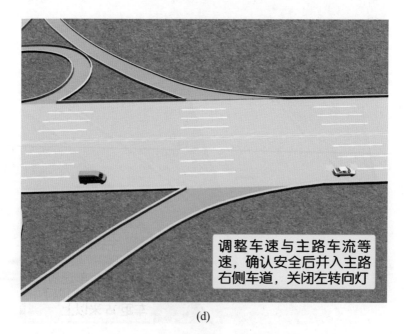

调整车速与主路车流等速，确认安全后并入主路右侧车道，关闭左转向灯

(d)

图 9-2　右转弯由匝道进入主路的方法

由匝道驶出主路的方法如图9-3所示。

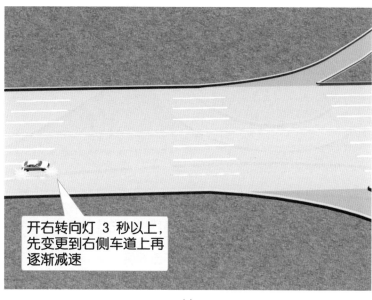

(a)

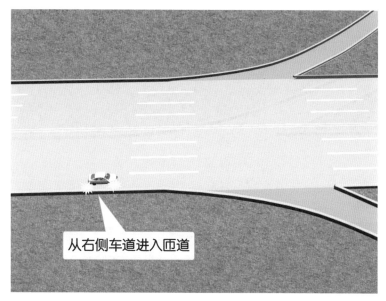

(b)

图 9-3

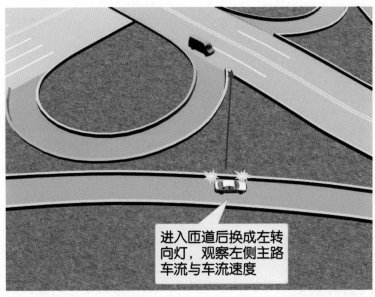

进入匝道后换成左转向灯，观察左侧主路车流与车流速度

(c)

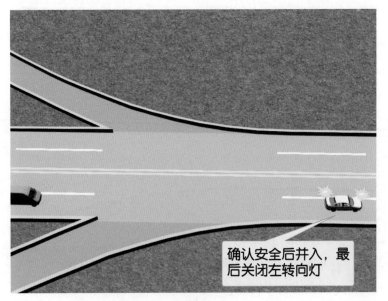

确认安全后并入，最后关闭左转向灯

(d)

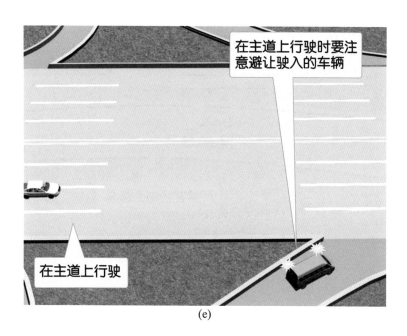

(e)

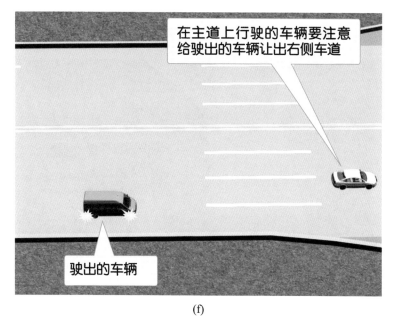

(f)

图 9-3

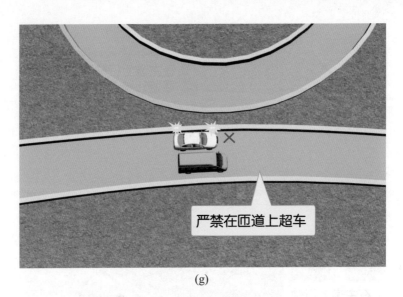

(g)

图 9-3　由匝道驶出主路的方法

（2）带引入引出车道的匝道行驶

通过带引入引出车道的匝道，除在引导车道上的驾驶有差别外，其他路段的驾驶注意事项与前面所述一样。

通过带引入引出车道的匝道驾驶方法如图9-4所示。

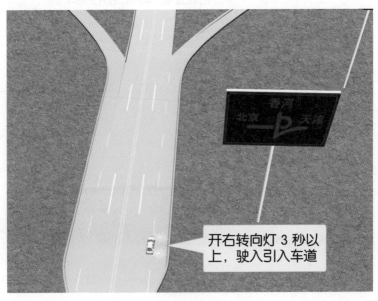

(a)

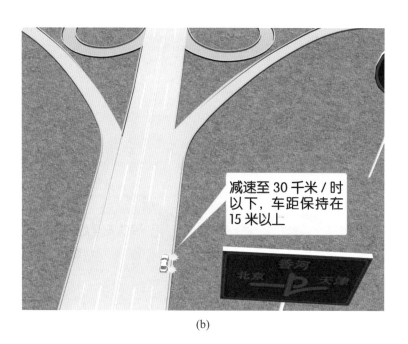

(b)

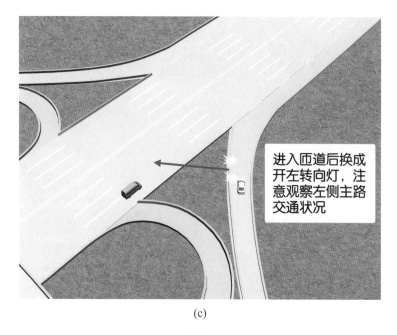

(c)

图 9-4

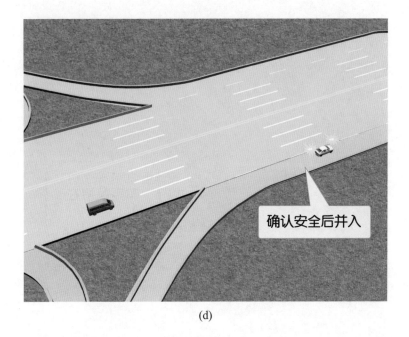

(d)

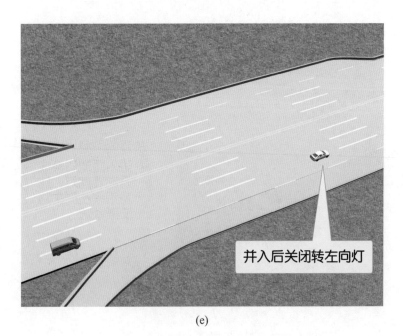

(e)

图 9-4 通过带引入引出车道的匝道驾驶方法

带引入引出车道的匝道驶出方法如图9-5所示。

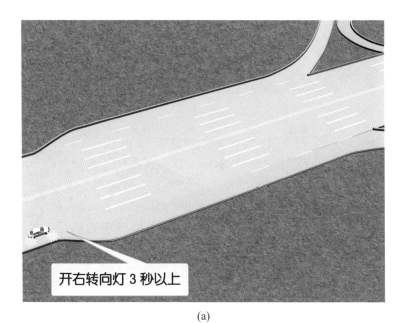

(a)

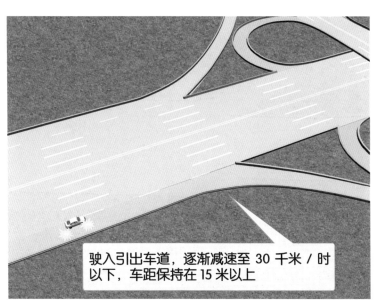

(b)

图 9-5

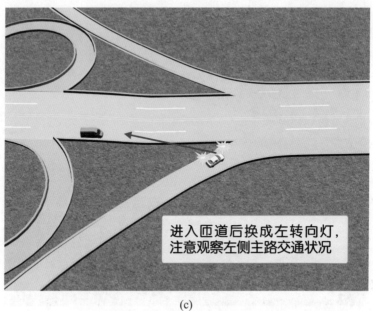

进入匝道后换成左转向灯，
注意观察左侧主路交通状况

(c)

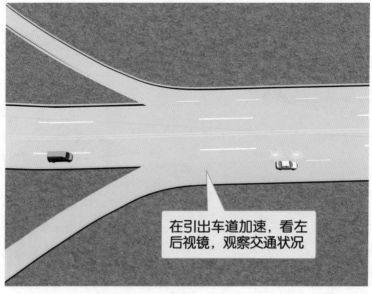

在引出车道加速，看左
后视镜，观察交通状况

(d)

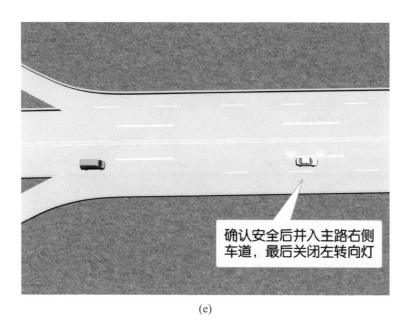

确认安全后并入主路右侧车道，最后关闭左转向灯

(e)

图9-5 带引入引出车道的匝道驶出方法

（3）其他形式的立交桥行驶

通行方法与以上形式立交桥大同小异。

下面介绍另外两种立交桥的通行方法。

❶ 通过部分互通菱形立交桥的方法：通行路线如图9-6所示。除了在虚线处可直接左转弯外，其他部分的通行与通过苜蓿叶式立交桥类似。在这种立交桥上不能实现掉头。

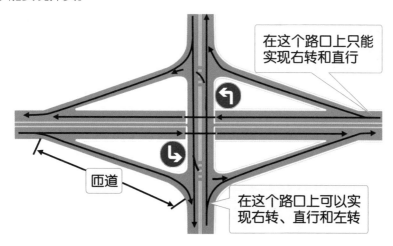

在这个路口上只能实现右转和直行

匝道

在这个路口上可以实现右转、直行和左转

图9-6 通过部分互通菱形立交桥的方法

❷ 通过喇叭形立交桥的方法：通行方法与通过苜蓿叶式立交桥类似，通行路线如图9-7所示。在这种立交桥上不能实现掉头。

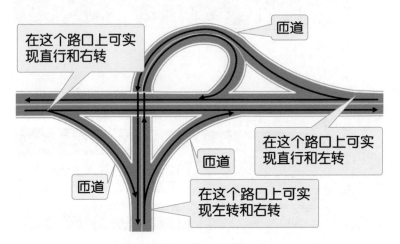

在这个路口上可实现直行和右转

匝道

匝道

匝道

在这个路口上可实现直行和左转

在这个路口上可实现左转和右转

图 9-7　通过喇叭形立交桥的方法

9.1.2　高速公路匝道驾驶方法

❶ 匝道入口驾驶方法如图9-8所示。

开左转向灯

(a)

(b)

(c)

图 9-8

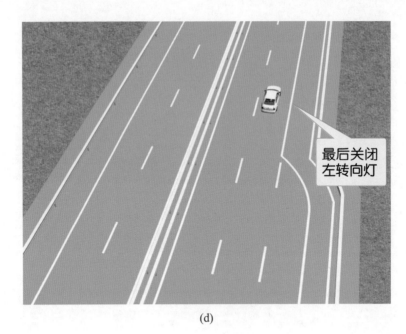

(d)

图 9-8　匝道入口驾驶方法

❷ 匝道出口驾驶方法：按路边的驶出标志驶出。如图9-9所示。

(a)

(b)

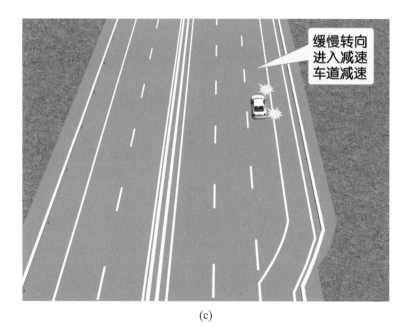

(c)

图 9-9

(d)

图 9-9　匝道出口驾驶方法

9.2 │ 行车道

❶ 不得以低于规定的行驶速度行驶，坚决杜绝"龟速"行驶，不得急刹车，不得停车。如图 9-10 所示。

(a)

(b)

图 9-10　高速公路行车道行驶方法

❷ 车速增加一倍，制动距离约增加四倍。超速行驶时，驾驶员精神紧张，更容易疲劳，所以不要超速行驶。要保持足够的前后安全距离和超车时两车平行时的左右安全距离。如图9-11所示。

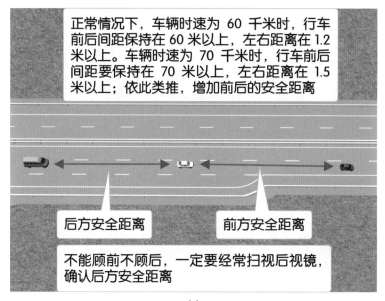

(a)

图 9-11

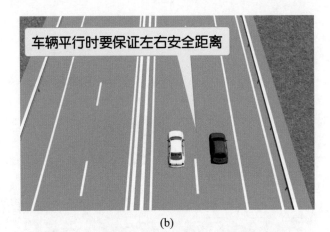

(b)

(c)

(d)

图 9-11　高速公路行车道行驶注意事项

9.3 | 收费站

如图9-12所示，应提前观察，绿箭头亮的收费车道才可以进入，有红叉的车道不能进入。

(a)

(b)

图 9-12

(c)

图 9-12　收费站通行方法

9.4 | 超车或错过路口时

❶ 利用超车道超完车要及时返回行车道，不要长时间占用超车道。

❷ 要注意看指示牌，避免错过路口。万一错过路口，应到下一个路口驶出。错过路口时不得突然停车、倒车、掉头，否则容易引起后车追尾，很可能导致恶性事故，而且还得负全责。

第10章
有关预判与应对的
基本知识

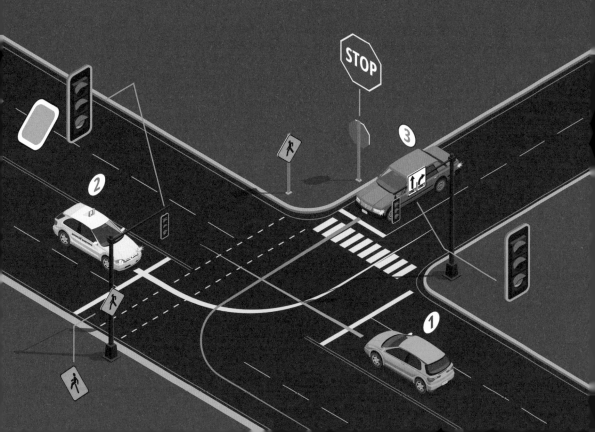

10.1 | 预判失控车辆及应采取的措施

如果大型车辆开着双闪并且驾驶员拼命按喇叭，可以断定是失控了：如果车辆一直不减速，可以断定是刹车失灵；如果是行驶方向不变，说明方向失控；如果速度不减，方向也不变，说明两个都失控。

这时我们要通过后视镜观察，然后向安全的方向躲避。

10.2 | 预判与应对对向车辆的异常驾驶行为

如果对向车辆忽快忽慢，忽左忽右，十有八九是驾驶员身体出了问题，说不定就是酒驾、毒驾，我们必须找安全的地方躲避。

10.3 | 预判与应对自然灾害

自然灾害的威力是巨大的，人类在自然灾害面前如同蚂蚁一样。通过预判，远离自然灾害是安全驾驶中的重要环节。避开是最好的选择。

10.3.1 落石

落石多发生于60～70度的布满碎石的斜坡上。雨中、雨后、大风、动物运动等的干扰是诱发因素。所以雨中、雨后、大风时尽量避开这些路段是最好的选择。如果遇到山羊，不要鸣喇叭甚至停车观望、拍照，一旦山羊受惊，后果难以预料。看到有注意落石标志的路段，要尽快驶出，不要逗留。

10.3.2 洪水

光秃秃的戈壁荒滩，荒凉的山地，大雨过后往往会突发洪水，春季积雪融化也会突发洪水，一定要注意收听当地的交通广播电台，看天气预报，避免在这些时段进入这些道路。

10.3.3 泥石流

戈壁山区由于降水（包括暴雨、冰川、积雪融化等），在沟谷或山坡上会形成夹带大量泥沙、石块等固体物质的洪流，一旦误入非常危险。一定要注意收听当地的交通广播电台，看天气预报，避免在这些时段进入这些道路。一旦遇到泥石流，车辆无法前进时，应立即弃车，沿着和泥石流垂直的方向，向山上奔跑。

10.3.4　塌陷

如果路旁边有被水冲刷的沟槽，或者是开挖的沟槽，雨后的乡村路，戈壁荒滩路，路面看着坚硬无比，一旦靠近边缘很有可能发生塌陷，必须先下车查看，确认安全后，靠着远离沟槽的一面驶过，如果没有把握请选择绕行。

10.3.5　山体滑坡

对于比较松散的以土质为主的山坡，地震、降雨和融雪、地表水的冲刷、浸泡等，开挖坡脚、坡体上部堆土石、爆破、水库蓄（泄）水、矿山开采等都可诱发滑坡，冻土融化等也可诱发滑坡。所以进入以土质为主的山坡前，要避开这些时间段，要绕行，必须多查资料，多看天气预报，多看施工标志。

10.3.6　暴雪

冬季在寒冷地区行驶，一定要注意收听当地的交通广播电台，看天气预报，避免暴雪时期进入这些路段。一旦遇上暴雪，轻则底盘被拖起，重则会被暴雪埋没。即使面对能够行驶的厚雪，也会因积雪分辨不清道路和路边的沟沟坎坎，很容易发生坠沟、坠崖等事故。

10.3.7　沙漠

夏季的沙漠白天温度很高，白天可接近70摄氏度，晚上有可能降到0摄氏度，"早穿棉午穿纱，抱着火炉吃西瓜"，就是对戈壁沙漠地区的天气的真实写照。一旦车辆陷入，通信不好，如果不能得到及时救援，后果不堪设想，热死、渴死、冻死等后果都有可能发生。如果非要去沙漠旅游，必须带好足够的物资，足够的水和燃油是最重要的，夏天时棉衣和棉裤也是不可缺少的，卫星电话必不可少，铁锹、脱困装置尽管起不了什么大作用，还是带上为好。沙漠陷车初期，盲目拼命加油门，会导致沙子托住整个底盘，给后续拖车造成更大的困难。在陷车初期拖出陷车路段是比较好的救援方法。沙漠地区禁止进入的公路，绝对不要进去。这些地方沙漠工程车、大型铲车、大型挖掘机等行驶起来都比较困难，再强悍的越野车在这样的沙漠里也无能为力。

10.3.8　戈壁碱滩

雨后刚刚干燥的戈壁路、碱滩路；春季积雪融化后刚刚干燥的戈壁路、碱滩路；秋季一会儿结冰，一会儿融化，刚刚干燥的戈壁路、碱滩路，很多地方表面看起来很干燥，其实下面往往有很多淤泥，只要误入，十有八九会陷进去，无法出来。所以如果看到路边有比较新鲜的泥泞，道路上却很干燥，这样的道路最好不要进去。

10.4 | 发生交通事故后应采取的措施

发生交通事故后，如有人员受伤，第一件事情是救人。

要开启危险报警闪光灯，并在来车方向50米以外的地方放置警告标志，以免其他车辆再次碰撞。对油箱破裂、燃油溢出的现象，除及时报警外，还要做好防范措施。特别注意：燃油起火时，不能用水灭火，要用可以灭油火的灭火器或沙或土覆盖的方法来灭火，否则极易造成火势扩散。如有人员受伤，可请过往的其他人帮助完成上面的事情。

10.4.1　拨打相关电话

如表10-1所示。

表 10-1　发生交通事故后可拨打的相关电话

部门	电话
保险公司	把你投保的客服电话、微信存好
通用报警电话	110
交通事故电话	122
火警电话	119
急救电话	120

10.4.2　保护现场

最好在车上安装行车记录仪。首先是不移动、不破坏现场，其次则是万不得已、必须移动现场时，记得先用照相器材或土、石等记录被移动的物品原先的位置。具体在保护现场时，应该注意以下几点。

❶ 车祸发生后，立即将伤者位置用照相器材或土、石标示后将其送医，若车辆阻碍交通，标示其位置后再予以移开。将伤者送到医院后，应告知医务人员对伤者衣物上的各种痕迹，如轮胎花纹印痕、撕脱口，要进行保护。

❷ 制作现场图及照片：如果手头有照相机，建议自行制作现场图，将现场车辆相对位置、碎片位置、人员倒地位置、零件散落位置、刹车痕迹及车道标线等一一标示清楚，并拍摄照片。

❸ 寻找现场目击证人，包括行人，并留下证人联系方式甚至是目击证人的车牌号，以供日后联络之用。如果有录音器，最后将对方当事人的话录下，包括证人的言语，以防日后说假话。

❹ 联络保险公司人员，对于伤者或死者，只要备齐肇事证明文件（请警方开具）及医疗费用单，不需通过肇事者即可直接请求保险公司理赔。

❺ 需要特别注意的是：法律规定破坏现场的人要对交通事故承担不利的后果，因此，除了受害一方要有意识地保护现场外，所有在场人士都应该有保护现场的意识。

❻ 在道路上发生交通事故，未造成人身伤亡，当事人对事实及成因无争议的，可以即行撤离现场，恢复交通，自行协商处理损害赔偿事宜；不及时撤离现场的，应当迅速报告执勤的交通警察或者公安机关交通管理部门。

在道路上发生交通事故，仅造成轻微财产损失，并且基本事实清楚的，当事人应当先撤离现场再进行协商处理。

10.4.3　首先从受害者的角度考虑问题

受害者及其家属会十分悲痛，可能还会做出极端的举动，有时候无论说什么可能都不管用。这时候更应设身处地地从他们的角度来考虑问题，先顺着他们，像家人一样一心一意地对待他们，工作等都暂时放一放，耐心等他们平静。

10.4.4　受害者与家属的心理应对策略

如果遇到讲道理的受害者及其家属，能帮多少帮多少，必须留下证据，如书面证据、音像证据以及目击者的联系方式等。如果遇到不讲道理甚至是敲诈勒索的受害者及其家属，首先要稳住他们的情绪，不要用刺激性的词汇和语气，必须留下证据，如书面证据、音像证据以及目击者的联系方式等。尽量在不知不觉中把证据留下来，以利于以后处理问题。

10.4.5　与受害者及其家属协商沟通

应当心平气和地与他们沟通，协商赔偿事宜。一次不行两次、三次，无论如何都不能发脾气。对于蛮横无理的人可以设法暂时回避，实在不行只有通过法律途径解决，千万不可因为他们的过分要求而做出不理智的行为。

第11章
交通肇事罪

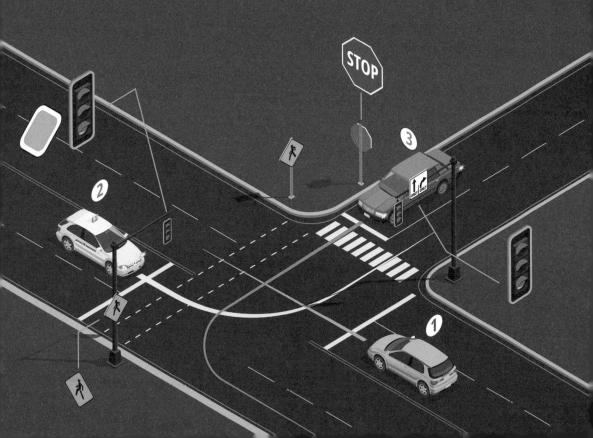

11.1 | 交通肇事罪的概念和特征

交通肇事罪，是指违反道路交通法规，发生重大交通事故，致人重伤、死亡或者使公私财产遭受重大损失，依法被追究刑事责任的犯罪行为。交通肇事罪是一种过失危害公共安全的犯罪。

❶ 主体：凡年满16周岁、具有刑事责任能力的自然人均可构成。对于主体，应理解为一切直接从事交通运输业务和保证交通运输的人员以及非交通运输人员。

❷ 客体：本罪侵犯的客体是交通运输安全。交通运输，是指与一定的交通工具和交通设备相联系的铁路、公路、水上及空中交通运输，这类交通运输的特点是与广大人民群众的生命财产安全紧相连，一旦发生事故，就会危害到不特定、多数人的生命安全。造成公私财产的广泛破坏，所以，其行为本质上是危害公共安全犯罪。

❸ 主观方面：表现为过失，包括疏忽大意的过失和过于自信的过失。

❹ 客观方面：在交通运输活动中违反交通运输管理法规，因而发生重大事故，致人重伤、死亡或者使公私财产遭受重大损失的行为。

罪与非罪的界限，其关键是要查清行为人是否有主观罪过，是否实施了违反交通运输管理法规的行为，违反交通运输管理法规的行为与重大交通事故是否具有因果关系等。倘若没有违法行为或者虽有违法行为但没有因果关系，如事故发生纯属被害人不遵守交通规则、乱穿马路造成，或由自然因素，如山崩、地裂、风暴、洪水等造成，则不应以本罪论处。当然，事故发生并不排除可能存在多种原因或有其他介入因素，这里就更应该认真分析原因及其介入行为对交通事故发生的作用。只有查清确实与行为人的违规行为具有因果关系，才可能以本罪论处，否则，就不应以该罪治罪而追究刑事责任。例如，行为人高速超车后突然发现前方几十米处有人穿越马路，便打方向盘试图避开行人，但由于车速过快，致使车冲入人行道而将他人压成重伤。此时，行人穿越马路作为介入因素仅是发生本案的条件，肇事的真正原因则是违章超速行车，因此应当认定行为与结果具有因果关系从而可以构成本罪。

11.2 | 交通肇事罪的类型与犯罪者的心理

❶ 超速行驶引发事故。俗话说"十次事故九次快"，驾驶员不遵守限速规

定，车速过快导致行车过程中来不及采取措施，往往是直接将行人撞飞致其当场死亡，造成无法挽回的后果。

❷ 无证驾驶引发事故。无机动车驾驶证驾驶的车辆主要是摩托车，这种车买卖简单，价格便宜，驾驶容易，有的人直接买来就骑。有的人驾驶其驾驶证准驾车型以外的车辆，盲目自信，遇到突发状况，采取措施不力，也会引发重大交通事故。

❸ 酒驾、醉驾造成事故。

❹ 驾驶员的技术水平低造成事故。没经过严格的训练、对车的性能没有熟练掌握就直接上路驾驶，不了解道路动态特点，疏忽大意，盲目自信，判断失误，措施不当，最终导致重大事故发生。

❺ 事事都要争强好胜，就连驾驶这种危险的操作也要争个高低。

11.3 | 交通肇事犯罪的社会因素

一些群体对道路交通肇事行为的危害性认识不足；受行政干预、说情风及地方保护主义的干扰；交通法律法规不完善；监督制约机制薄弱；道路安全知识宣传不到位等。

11.4 | 交通肇事犯罪的预防

这里只从驾驶人的角度来讲。要认真学习领会交通法规，时刻严格遵守交通法规，努力提高自己的驾驶技能，努力培养忍耐、克制、宽容、换位思考等良好的品质。多想想别人的困难，吃了小亏，换来的是安全。长此以往，交通事故一定会越来越少。

11.5 | 交通警察是交通法规的执行者

随着经济的发展，道路交通安全管理的任务越来越繁重，交通警察作为道路交通安全管理的最直接的参与者，指挥、疏导交通、查处交通违法行为、处理交通事故，直接和驾驶人、交通事故当事人或家属进行接触，常常受到不理解、不支持配合或被唾骂，工作环境在街道或公路上，受到风吹、雨淋、日晒，工作常常伴随着艰苦、紧张、困难和危险。因此，交通警察除了有良好的身体素质外，还具有常人所不具备的良好的心理品质。

交通警察在查处交通违法、处理交通事故、抢救伤员、进行调解、打击车匪路霸，特别是处理重特大交通事故现场时目睹血淋淋的场面、伤者亲属的哭泣、当事人的要挟等，往往要承受很大的精神压力和心理压力。执法中要抵御各种错误思想、思潮和诱惑。在处理上下级、同事、朋友、夫妻等人际关系时，需要调和各种矛盾，解决问题，保持和谐的人际关系。这一切使交通警察具备了良好的观察、记忆、注意、思维能力；具备了稳定的情感和顽强的意志，能够抵御错误干扰和各种诱惑；具备了宽大的胸怀、合作的气度和强大的心理承受能力。这一切练就了交通警察良好、健康、向上的心理品质，练就了勇敢、坚定、大胆、果断、顽强、乐于奉献等良好的心理素质，也练就了交通警察过硬的政治素质。

交通警察是执法者，他们既要文明执法，又要忍受多种不文明行为，极个别时候甚至遭到拳打脚踢，还不能还嘴还手。由于警力不足，交通警察几天几夜不着家是家常便饭，住在单位。频发的交通事故让电话铃声都快变成事故中队警察们的命令了。由于有些群众法治观念淡漠，怕招是非，事故中队的警察们处理完事故后，找个执法过程见证人签个字都找不到，也是常有的事情。

也有个别警察因为连续作战，还有上级的严厉要求，脾气急躁，说些言辞激烈的话，令有些车主气愤不已。其实仔细想一想，交通法规保护的是我们的生命财产安全，他们是法律的执行者，不是故意和我们过不去，而是对我们好。试想如果人人都遵纪守法，没有了交通事故，不是皆大欢喜吗？一些人非得经历了事故才清醒，不值得。交通法规是血的教训的总结，时刻遵守交通法规就是在时刻保护我们自己和他人的生命及财产。

总之交通警察执法是为了我们好，其实他们比我们更不容易。对处理结果有异议，可以到法制办申请行政复议，最后还可以告上法庭。如果遇到个别品行坏警察，我们可以向警务督查投诉他们。